Aromatët e Aziës

Mrekullitë e Kuzhinës Lindore me Penën e Lirë Tiana Kimi

Tiana Kimi

Indeksi

Pulë me kërcell bambuje 10
proshutë në avull 11
proshutë me lakër 12
Pulë bajame 13
Pulë me bajame dhe gështenja uji 15
Pulë me bajame dhe perime 16
pulë aniseed 17
pule me kajsi 19
Pulë me asparagus 20
Pulë me patëllxhan 21
Mbulesa me pulë dhe proshutë 22
Pulë me lakër fasule 23
Pulë me salcë fasule të zezë 24
pule me brokoli 25
Pulë me lakër dhe kikirikë 26
Pulë me arra shqeme 27
pulë me gështenja 29
Pulë e nxehtë djegës 30
Pulë e skuqur me piper 31
Pres pule Suey 32
mish pule mein 34
Pulë me erëza të skuqur krokante 35
Pulë e skuqur me kastravec 37
Kari pule me piper 38
Kari kinez i pulës 39
Pulë me kerri të shpejtë 40
Kari pule me patate 41
Kofshë pule të skuqur 42
Pulë e skuqur me salcë kerri 43
pulë e dehur 44
Pulë e kripur me vezë 45
rrotullat e vezëve të pulës 47

Pulë e skuqur me vezë	49
pulë nga lindja e largët	51
Pule Foo Yung	52
Proshutë dhe pulë Foo Yung	53
Pulë e skuqur me xhenxhefil	54
Pulë me xhenxhefil	55
Pulë me xhenxhefil me kërpudha dhe gështenja	56
Pulë e artë	57
Zierje pule e artë e marinuar	58
Monedhat e arta	60
Pulë e zier në avull me proshutë	61
Pulë me salcë Hoisin	62
pulë mjaltë	63
Pulë Kung Pao	64
Pulë me presh	65
pule me limon	66
Pulë e skuqur me limon	68
Mëlçi pule me kërcell bambuje	69
Mëlçia e pulës së skuqur	70
Mëlçi pule me Mangetout	71
Mëlçi pule me petulla makarona	72
Mëlçi pule me salcë goca deti	73
Mëlçia e pulës me ananas	74
Mëlçi pule e ëmbël dhe e thartë	75
Pulë me lychee	76
Pulë me salcë lychee	77
Pulë me Mangetout	78
Pulë me mango	79
Pjepër i mbushur me pulë	80
Pulë të pjekur dhe kërpudha	81
Pulë me kërpudha dhe kikirikë	82
Pulë e skuqur me kërpudha	84
Pulë e zier në avull me kërpudha	85
Pulë me qepë	86
Pulë me portokall dhe limon	87
Pulë me salcë goca deti	88

porcione pule *89*
pulë kikiriku *90*
Pulë me gjalpë kikiriku *91*
Pulë me bizele *92*
Pulë e Pekinit *93*
Piper pule *94*
Pulë e skuqur me piper *96*
pule dhe ananasi *98*
Pulë me ananas dhe lychee *99*
pule me mish derri *100*
Pulë e skuqur me patate *101*
Pesë pule me erëza me patate *102*
Pulë e kuqe e zier *103*
qofte pule *104*
Pulë e kripur *105*
Pulë në vaj susami *106*
Pulë sheri *107*
Pulë me salcë soje *108*
Pulë e skuqur pikante *109*
pule me spinaq *110*
pule rolls pranverë *111*
Mish derri i pjekur me erëza *113*
simite derri të ziera në avull *114*
mish derri me lakër *116*
Mish derri me lakër dhe domate *118*
Mish derri i marinuar me lakër *119*
Mish derri me selino *121*
Mish derri me gështenja dhe kërpudha *122*
Presja e derrit *123*
yakisoba derri *124*
Mish derri i pjekur *126*
Mish derri me chutney *127*
Mish derri me kastravec *128*
Pako krokante derri *129*
rrotulla derri me vezë *130*
Rrotulla me vezë me mish derri dhe karkaleca deti *131*

Mish derri të zier me vezë 132
derr zjarri 133
Fileto derri e skuqur 134
Pesë erëza derri 135
Mish derri i pjekur aromatik 136
Mish derri me hudhër të grirë 137
Mish derri të pjekur me xhenxhefil 138
Mish derri me bishtaja 139
Mish derri me proshutë dhe tofu 140
qebap derri i skuqur 142
Bosht derri i skuqur në salcë të kuqe 143
mish derri i marinuar 145
Bërxolla derri të marinuara 146
Mish derri me kërpudha 147
qofte në avull 148
Mish derri i kuq me kërpudha 149
petulla derri me makarona 150
Mish derri dhe karkaleca me petulla 151
Mish derri me salcë goca deti 152
Mish derri me kikirikë 153
Mish derri me speca 155
Mish derri pikant me turshi 156
Mish derri me salcë kumbulle 157
Mish derri me karkaleca deti 158
Mish derri i kuq 159
Mish derri në salcë të kuqe 160
Mish derri me petë orizi 162
Pemë të pasura derri 164
Bërxolla derri të pjekura 165
mish derri pikant 166
Feta të lumtura të derrit 167
Mish derri me spinaq dhe karrota 168
mish derri i zier me avull 169
Mish derri i pjekur 170
Mish derri me patate të ëmbël 171
Mish derri i hidhur 172

kripë mish derri *173*
Mish derri me tofu *174*
mish derri i butë *175*
Dy herë derr *176*
Mish derri me perime *177*
Mish derri me arra *178*
kërpudhat e derrit *179*
Mish derri me gështenja uji *180*
Wonton me mish derri dhe karkaleca *181*
Qofte të grira në avull *182*
Brinjë me salcë fasule të zezë *183*
brinjë të shkurtra të ziera *184*
Prerje panje e djegur *185*
Bërxolla të skuqura *186*
Brinjë me presh *187*
Brinjë me kërpudha *188*
Brinjë me portokall *189*
kotele ananasi *190*
Kotele krokante karkaleci *191*
Brinjë me verë orizi *193*
Brinjë me farat e susamit *194*
Kotele me salcë të ëmbël dhe të thartë *195*
Brinjë të ziera *197*
Brinjë me domate *198*
Mish derri i pjekur në skarë *200*
Mish derri të ftohtë me mustardë *201*
Mish derri i pjekur kinez *202*
Mish derri me spinaq *203*
topa derri të skuqur *204*
Rrotulla me vezë me mish derri dhe karkaleca deti *205*
Mish derri të grirë në avull *207*
Mish derri i skuqur me mish gaforre *208*
Mish derri me lakër fasule *209*
derr i dehur *210*
këmbë derri të zier me avull *211*
Mish derri të pjekur me perime *214*

Dy herë derr *216*
Veshkat e derrit me Mangetout *217*
Proshutë e kuqe me gështenja *219*
Toptha të skuqura me proshutë dhe vezë *220*
Proshutë dhe ananas *221*
Fritata me proshutë dhe spinaq *222*

Pulë me kërcell bambuje

Shërben 4 racione

45 ml / 3 lugë gjelle vaj kikiriku

1 thelpi hudhër, e shtypur

1 qepe (krepë), e grirë

1 fetë rrënjë xhenxhefili, e prerë

225 g / 8 oz gjoks pule, të prerë në feta

225 g / 8 oz fidane bambuje, të prera në feta

45 ml / 3 lugë salcë soje

15 ml / 1 lugë gjelle verë orizi ose sheri të thatë

5 ml / 1 lugë miell misri (miseshte misri)

Ngrohni vajin dhe skuqni hudhrat, qepujt dhe xhenxhefilin derisa të marrin një ngjyrë të lehtë të artë. Shtoni pulën dhe skuqeni për 5 minuta. Shtoni fidanet e bambusë dhe skuqini për 2 minuta. Shtoni salcën e sojës, verën ose sherin dhe miellin e misrit dhe skuqini për rreth 3 minuta derisa pula të jetë gatuar.

proshutë në avull

Shërben 6-8

900 g / 2 lb proshutë e freskët
30 ml / 2 lugë sheqer kaf
60 ml / 4 lugë gjelle verë orizi ose sheri të thatë

Vendoseni proshutën në një enë rezistente ndaj nxehtësisë në një raft, mbulojeni dhe ziejini në ujë të vluar për rreth 1 orë. Shtoni sheqer dhe verë ose sheri në gjellë, mbulojeni dhe ziejini me avull për 1 orë të tjera ose derisa proshuta të jetë gatuar. Lëreni të ftohet në tas përpara se ta prisni në feta.

proshutë me lakër

Shërben 4 racione

4 rripa proshutë me vija, të qëruara dhe të prera

2,5 ml/½ lugë e vogël kripë

1 fetë rrënjë xhenxhefili, e prerë

½ lakër, e copëtuar

75 ml / 5 lugë supë pule

15 ml / 1 lugë gjelle salcë deti

Skuqni proshutën derisa të bëhet krokante, më pas hiqeni nga tigani. Shtoni kripë dhe xhenxhefil dhe ziejini për 2 minuta. Shtoni lakrën dhe përzieni mirë, më pas përzieni proshutën dhe shtoni lëngun, mbulojeni dhe gatuajeni për rreth 5 minuta derisa lakra të jetë e butë, por ende pak e freskët. Shtoni salcën e gocave, mbulojeni dhe ziejini për 1 minutë përpara se ta shërbeni.

Pulë bajame

Shërben 4-6

375 ml / 13 ml oz / 1½ dl lëng pule

60 ml / 4 lugë gjelle verë orizi ose sheri të thatë

45 ml / 3 lugë miell misri (niseshte misri)

15 ml / 1 lugë gjelle salcë soje

4 gjoks pule

1 e bardhe veze

2,5 ml/½ lugë e vogël kripë

vaj për tiganisje

75 g / 3 oz / ½ filxhan bajame të zbardhura

1 karotë e madhe e prerë në kubikë

5 ml/1 lugë gjelle rrënjë xhenxhefili të grirë

6 qepë (qepëza), të prera në feta

3 bishta selino të prera në feta

100 g/4oz kërpudha, të prera në feta

100 g / 4 oz fidane bambuje, të prera në feta

Në një tenxhere vendosni lëngun, gjysmën e verës ose sherit, 30 ml/2 lugë miell misri dhe salcën e sojës. Lërini të vlojnë duke e trazuar dhe gatuajeni për 5 minuta derisa masa të trashet. Hiqeni nga zjarri dhe mbajeni të ngrohtë.

I hiqni lëkurën dhe kockat e pulës dhe e prisni në copa 2.5cm/1cm. Hidhni verën e mbetur ose sheri dhe miell misri, të bardhën e vezës dhe kripën, shtoni copat e pulës dhe përzieni mirë. Ngrohni vajin dhe skuqni copat e pulës, disa nga një, për rreth 5 minuta deri në kafe të artë. Thajeni mirë. Hiqni të gjitha, përveç 30 ml / 2 lugë vaj nga tigani dhe skuqni bajamet për 2 minuta derisa të marrin ngjyrë kafe të artë. Thajeni mirë. Shtoni karrotën dhe xhenxhefilin në tigan dhe ziejini për 1 minutë. Shtoni perimet e mbetura dhe gatuajeni për rreth 3 minuta, derisa perimet të jenë të buta, por ende të freskëta. Kthejeni pulën dhe bajamet në tiganin me salcë dhe përziejini në zjarr mesatar për disa minuta derisa të nxehen.

Pulë me bajame dhe gështenja uji

Shërben 4 racione

6 kërpudha të thata kineze

4 copa pule, të prera me kocka

100 g / 4 oz bajame të bluara

kripë dhe piper i sapo bluar

60 ml / 4 lugë gjelle vaj kikiriku

100 g / 4 oz gështenja uji, të prera në feta

75 ml / 5 lugë supë pule

30 ml / 2 lugë salcë soje

Thithni kërpudhat në ujë të nxehtë për 30 minuta dhe kullojini. Hidhni kërcellet dhe prisni majat. Pritini pulën në feta të holla. I rregullojmë me kripë dhe piper bajamet dhe i vendosim fetat e pulës në bajame. Ngroheni vajin dhe skuqeni pulën derisa të skuqet lehtë. Shtoni kërpudhat, gështenjat e ujit, lëngun dhe salcën e sojës, lërini të vlojnë, mbulojeni dhe ziejini për disa minuta derisa pula të jetë gatuar.

Pulë me bajame dhe perime

Shërben 4 racione

75 ml / 5 lugë gjelle vaj kikiriku

4 feta rrënjë xhenxhefili, të prera

5 ml/1 lugë kripë

100 g / 4 oz lakër kineze, të copëtuar

50 g / 2 oz fidane bambuje, të prera në kubikë

50 g/2oz kërpudha të prera në kubikë

2 bishta selino të prera në kubikë

3 gështenja uji të prera në kubikë

120 ml / 4 ml oz / ½ filxhan lëng pule

225 g / 8 oz gjoks pule, të prerë në kubikë

15 ml / 1 lugë gjelle verë orizi ose sheri të thatë

50 g / 2 oz mangeout (bizele)

100 g/4oz bajame të grira, të thekura

10 ml / 2 lugë lugë miell misri (niseshte misri)

15 ml / 1 lugë gjelle ujë

Ngroheni gjysmën e vajit dhe skuqni xhenxhefilin dhe kripën për 30 sekonda. Shtoni lakrën, lastarët e bambusë, kërpudhat, selinon dhe gështenjat e ujit dhe kaurdisini për 2 minuta. Shtoni lëngun, lëreni të vlojë, mbulojeni dhe ziejini për 2 minuta. Hiqni perimet dhe salcën nga tigani. Ngroheni vajin e mbetur dhe skuqeni pulën për 1 minutë. Shtoni verën ose sherin dhe gatuajeni për 1 minutë. Kthejini perimet në tigan me mangeout dhe bajame dhe ziejini për 30 sekonda. Rrihni miellin e misrit dhe ujin derisa të formohet një pastë, përzieni në salcë dhe gatuajeni, duke e trazuar, derisa salca të trashet.

pulë aniseed

Shërben 4 racione

75 ml / 5 lugë gjelle vaj kikiriku

2 qepë, të grira

1 thelpi hudhër, të grirë

2 feta rrënjë xhenxhefili, të prera

15 ml / 1 lugë gjelle miell i thjeshtë (për të gjitha qëllimet)

30 ml/2 lugë gjelle pluhur kerri

450 g/1 paund pule të prerë në kubikë

15 ml / 1 lugë gjelle sheqer

30 ml / 2 lugë salcë soje

450 ml / ¾ pt / 2 gota lëng pule

2 karafil anise

225 g / 8 oz patate të prera në kubikë

Ngroheni gjysmën e vajit dhe skuqni qepët derisa të skuqen lehtë, më pas hiqini nga tigani. Ngrohni vajin e mbetur dhe skuqni hudhrën dhe xhenxhefilin për 30 sekonda. Shtoni miellin dhe karin dhe gatuajeni për 2 minuta. I kthejmë qepët në tigan, i shtojmë pulën dhe i kaurdisim për 3 minuta. Shtoni sheqerin, salcën e sojës, lëngun dhe aniseun, lërini të vlojnë, mbulojeni dhe ziejini për 15 minuta. Shtoni patatet, lërini të ziejnë, mbulojeni dhe gatuajeni edhe për 20 minuta të tjera derisa të zbuten.

pule me kajsi

Shërben 4 racione

4 copa pule

kripë dhe piper i sapo bluar

majë xhenxhefil të bluar

60 ml / 4 lugë gjelle vaj kikiriku

225 g / 8 oz kajsi, të përgjysmuara

300 ml / ½ pt / 1 ¼ filxhan salcë të ëmbël dhe të thartë

30 ml/2 lugë gjelle bajame të prera në feta, të thekura

E rregullojmë pulën me kripë, piper dhe xhenxhefil. Ngroheni vajin dhe skuqeni pulën derisa të skuqet lehtë. Mbulojeni dhe gatuajeni për rreth 20 minuta derisa të zbuten, duke e kthyer herë pas here. Kullojeni vajin. Shtoni kajsitë dhe salcën në tigan, lërini të vlojnë, mbulojeni dhe ziejini ngadalë për rreth 5 minuta ose derisa të nxehen. Dekoroni me bajame të laminuara.

Pulë me asparagus

Shërben 4 racione

45 ml / 3 lugë gjelle vaj kikiriku

5 ml/1 lugë kripë

1 thelpi hudhër, e shtypur

1 qepe (krepë), e grirë

1 gjoks pule, i prerë në feta

30 ml / 2 lugë gjelle salcë fasule të zezë

350 g / 12 oz shparg, të prerë në 2,5 cm / 1 copë

120 ml / 4 ml oz / ½ filxhan lëng pule

5 ml/1 lugë sheqer

15 ml / 1 lugë gjelle miell misri (niseshte misri)

45 ml / 3 lugë gjelle ujë

Ngrohni gjysmën e vajit të ullirit dhe skuqni kripën, hudhrën dhe qiqrat deri sa të marrin ngjyrë të artë lehtë. Shtoni pulën dhe skuqeni derisa të skuqet lehtë. Shtojmë salcën e fasules së zezë dhe e përziejmë që të lyhet pula. Shtoni shpargujt, lëngun dhe sheqerin, lërini të ziejnë, mbulojeni dhe ziejini për 5 minuta derisa pula të zbutet. Rrihni miellin e misrit dhe ujin derisa të formohet një pastë, përzieni në tigan dhe gatuajeni, duke e trazuar, derisa salca të jetë e qartë dhe të trashet.

Pulë me patëllxhan

Shërben 4 racione

225 g / 8 oz pulë, e prerë në feta
15 ml / 1 lugë gjelle salcë soje
15 ml / 1 lugë gjelle verë orizi ose sheri të thatë
15 ml / 1 lugë gjelle miell misri (niseshte misri)
1 patëllxhan (patëllxhan), i qëruar dhe i prerë në rripa
30 ml / 2 lugë gjelle vaj kikiriku
2 speca të kuq të thatë
2 thelpinj hudhre, te shtypura
75 ml / 5 lugë supë pule

Vendoseni pulën në një tas. Rrihni së bashku salcën e sojës, verën ose sherin dhe miellin e misrit, përzieni në mishin e pulës dhe lëreni për 30 minuta. Zbardhni patëllxhanët në ujë të vluar për 3 minuta dhe kullojini mirë. Ngroheni vajin dhe skuqni specat derisa të errësohen, hiqini dhe hidhni. Shtoni hudhrën dhe pulën dhe skuqini derisa të skuqen lehtë. Shtoni lëngun dhe patëllxhanët, lërini të vlojnë, mbulojeni dhe ziejini për 3 minuta duke i përzier herë pas here.

Mbulesa me pulë dhe proshutë

Shërben 4-6

225 g/8oz pulë të prerë në kubikë

30 ml / 2 lugë salcë soje

15 ml / 1 lugë gjelle verë orizi ose sheri të thatë

5 ml/1 lugë sheqer

5 ml/1 lugë vaj susami

kripë dhe piper i sapo bluar

225 g / 8 oz feta proshutë

1 vezë e rrahur lehtë

100 g / 4 oz miell i thjeshtë (për të gjitha qëllimet)

vaj për tiganisje

4 domate, të prera në feta

Përziejmë pulën me salcën e sojës, verën ose sherin, sheqerin, vajin e susamit, kripën dhe piperin. Mbulojeni dhe marinoni për 1 orë, duke e përzier herë pas here, më pas hiqni pulën dhe hidhni marinadën. Prisni proshutën në copa dhe mbështilleni rreth kubeve të pulës. Rrihni vezët së bashku me miellin në një masë të trashë, shtoni pak qumësht nëse është e nevojshme. Zhytni kubet në brumë. Ngrohni vajin dhe skuqni kubet derisa të marrin ngjyrë të artë dhe të ziejnë. Shërbejeni të zbukuruar me domate.

Pulë me lakër fasule

Shërben 4 racione

45 ml / 3 lugë gjelle vaj kikiriku

1 thelpi hudhër, e shtypur

1 qepe (krepë), e grirë

1 fetë rrënjë xhenxhefili, e prerë

225 g / 8 oz gjoks pule, të prerë në feta

225 g / 8 oz lakër fasule

45 ml / 3 lugë salcë soje

15 ml / 1 lugë gjelle verë orizi ose sheri të thatë

5 ml / 1 lugë miell misri (miseshte misri)

Ngrohni vajin dhe skuqni hudhrat, qepujt dhe xhenxhefilin derisa të marrin një ngjyrë të lehtë të artë. Shtoni pulën dhe skuqeni për 5 minuta. Shtoni filizat e fasules dhe skuqini për 2 minuta. Shtoni salcën e sojës, verën ose sherin dhe miellin e misrit dhe skuqini për rreth 3 minuta derisa pula të jetë gatuar.

Pulë me salcë fasule të zezë

Shërben 4 racione

30 ml / 2 lugë gjelle vaj kikiriku

5 ml/1 lugë kripë

30 ml / 2 lugë gjelle salcë fasule të zezë

2 thelpinj hudhre, te shtypura

450 g/1 paund pule të prerë në kubikë

250 ml / 8 ml oz / 1 filxhan lëng mishi

1 piper jeshil i prere ne kubik

1 qepë e grirë

15 ml / 1 lugë gjelle salcë soje

piper i sapo bluar

15 ml / 1 lugë gjelle miell misri (niseshte misri)

45 ml / 3 lugë gjelle ujë

Ngroheni vajin dhe skuqni kripën, fasulet e zeza dhe hudhrën për 30 sekonda. Shtoni pulën dhe skuqeni derisa të skuqet lehtë. Shtoni lëngun, lëreni të vlojë, mbulojeni dhe ziejini për 10 minuta. Shtoni piper zile, qepën, salcën e sojës dhe piperin, mbulojeni dhe ziejini për 10 minuta të tjera. Rrihni miellin e misrit dhe ujin derisa të formohet një pastë, përzieni në salcë dhe gatuajeni, duke e trazuar, derisa salca të trashet dhe mishi i pulës të jetë i butë.

pule me brokoli

Shërben 4 racione

450 g/1 paund pule, e prerë në kubikë

225 g / 8 oz mëlçi pule

45 ml / 3 lugë gjelle miell i thjeshtë (për të gjitha qëllimet)

45 ml / 3 lugë gjelle vaj kikiriku

1 qepë e prerë në kubikë

1 piper i kuq i prerë në kubikë

1 piper jeshil i prere ne kubik

225 g lule brokoli

4 feta ananasi të prera në kubikë

30 ml / 2 lugë gjelle pure domate (pastë)

30 ml/2 lugë gjelle salcë hoisin

30 ml/2 lugë mjaltë

30 ml / 2 lugë salcë soje

300 ml / ½ pt / 1 ¼ filxhan lëng pule

10 ml/2 lugë vaj susami

Lyejeni pulën dhe mëlçinë e pulës në miell. Ngrohni vajin dhe skuqni mëlçinë për 5 minuta, më pas hiqeni nga tigani. Shtoni pulën, mbulojeni dhe ziejini në zjarr mesatar për 15 minuta, duke e përzier herë pas here. Shtoni perimet dhe ananasin dhe skuqini për 8 minuta. Kthejini mëlçitë në wok, shtoni përbërësit e mbetur dhe lërini të ziejnë. Gatuani duke e trazuar derisa salca të trashet.

Pulë me lakër dhe kikirikë

Shërben 4 racione

45 ml / 3 lugë gjelle vaj kikiriku

30 ml / 2 lugë gjelle kikirikë

450 g/1 paund pule të prerë në kubikë

½ lakër e prerë në katrorë

15 ml / 1 lugë gjelle salcë fasule të zezë

2 speca të kuq, të grira

5 ml/1 lugë kripë

Ngroheni pak vaj dhe skuqni kikirikët për disa minuta duke i përzier vazhdimisht. Hiqeni, kulloni dhe shtypni. Ngrohni vajin e mbetur dhe skuqni pulën dhe lakrën derisa të skuqen lehtë. Hiqeni nga tigani. Shtoni salcën e fasules së zezë dhe djegësin dhe skuqini për 2 minuta. Kthejeni pulën dhe lakrën në tigan me kikirikët e grimcuar dhe i rregulloni me kripë. Skuqini derisa të nxehet dhe shërbejeni menjëherë.

Pulë me arra shqeme

Shërben 4 racione

30 ml / 2 lugë salcë soje

30 ml / 2 lugë gjelle miell misri (niseshte misri)

15 ml / 1 lugë gjelle verë orizi ose sheri të thatë

350 g/12oz pulë të prerë në kubikë

45 ml / 3 lugë gjelle vaj kikiriku

2,5 ml/½ lugë e vogël kripë

2 thelpinj hudhre, te shtypura

225 g / 8 oz kërpudha, të prera në feta

100 g / 4 oz gështenja uji, të prera në feta

100 g kërcell bambuje

50 g / 2 oz mangeout (bizele)

225 g / 8 oz / 2 gota shqeme

300 ml / ½ pt / 1 ¼ filxhan lëng pule

Rrihni së bashku salcën e sojës, miellin e misrit dhe verën ose sherin, derdhni sipër pulës, mbulojeni dhe marinojini për të paktën 1 orë. Ngroheni 30 ml/2 lugë vaj me kripë dhe hudhër dhe skuqeni derisa hudhra të skuqet lehtë. Shtoni pulën me marinadën dhe gatuajeni për 2 minuta derisa pula të skuqet lehtë. Shtoni kërpudhat, gështenjat e ujit, fidanet e bambusë dhe mangeout dhe skuqini për 2 minuta. Ndërkohë, ngrohni vajin e mbetur në një tigan të veçantë dhe skuqni shqeme në zjarr të ulët për disa minuta deri në kafe të artë. I vendosim në tenxhere me lëng mishi, i lëmë të vlojnë, i mbulojmë dhe i ziejmë për 5 minuta. Nëse salca nuk trashet sa duhet, përzieni pak miell misri të përzier me një lugë ujë dhe përzieni derisa salca të trashet dhe të bëhet e lehtë.

pulë me gështenja

Shërben 4 racione

225 g / 8 oz pulë, e prerë në feta

5 ml/1 lugë kripë

15 ml / 1 lugë gjelle salcë soje

vaj për tiganisje

250 ml / 8 ml oz / 1 filxhan lëng pule

200 g / 7 oz gështenja uji, të copëtuara

225 gr gështenja të grira

225 g / 8 oz kërpudha, të prera në katër pjesë

15 ml/1 lugë majdanoz i freskët i grirë

Spërkateni pulën me kripë dhe salcë soje dhe fërkojeni mirë në pulë. Ngroheni vajin dhe skuqeni pulën deri në kafe të artë, hiqeni dhe kullojeni. Vendoseni pulën në një tenxhere me lëng, lëreni të vlojë dhe gatuajeni për 5 minuta. Shtoni gështenjat me ujë, gështenjat dhe kërpudhat, mbulojeni dhe gatuajeni për rreth. 20 minuta derisa gjithçka të jetë e butë. Shërbejeni të zbukuruar me majdanoz.

Pulë e nxehtë djegës

Shërben 4 racione

350 g/1 lb pule, e prerë në kubikë

1 vezë e rrahur lehtë

10 ml/2 lugë salcë soje

2,5 ml/½ lugë miell misri (miseshte misri)

vaj për tiganisje

1 piper jeshil i prere ne kubik

4 thelpinj hudhra, të shtypura

2 speca të kuq, të grira

5 ml/1 lugë çaji piper i sapo bluar

5 ml/1 lugë uthull vere

5 ml/1 lugë çaji ujë

2,5 ml/½ lugë sheqer

2,5 ml/½ lugë e vogël vaj speci

2,5 ml/½ lugë vaj susami

Përzieni pulën me vezën, gjysmën e salcës së sojës dhe miellin e misrit dhe lëreni të pushojë për 30 minuta. Ngroheni vajin dhe skuqeni pulën derisa të marrë ngjyrë të artë dhe kullojeni mirë. Kulloni të gjithë, përveç 15 ml/1 lugë vaj nga tigani, shtoni specin djegës, hudhrën dhe djegësin dhe skuqni për 30 sekonda. Shtoni piper, uthullën e verës, ujin dhe sheqerin dhe skuqeni për

30 sekonda. Kthejeni pulën në tigan dhe gatuajeni për disa minuta derisa të gatuhet. Shërbejeni të spërkatur me vaj susami dhe piper.

Pulë e skuqur me piper

Shërben 4 racione

225 g / 8 oz pulë, e prerë në feta

2,5 ml/½ lugë salcë soje

2,5 ml/½ lugë vaj susami

2,5 ml/½ lugë çaji verë orizi ose sheri të thatë

5 ml / 1 lugë miell misri (miseshte misri)

kripë

45 ml / 3 lugë gjelle vaj kikiriku

100 g/4oz spinaq

4 qepë (qepë), të grira

2,5 ml/½ lugë çaji pluhur djegës

15 ml / 1 lugë gjelle ujë

1 domate e prerë në feta

Hidhni pulën me salcën e sojës, vajin e susamit, verën ose sherin, gjysmën e miellit të misrit dhe pak kripë. Lëreni të pushojë për 30 minuta. Ngrohni 15 ml / 1 lugë vaj dhe skuqni pulën derisa të skuqet lehtë. Hiqeni nga wok. Ngrohni 15 ml/1 lugë gjelle vaj dhe skuqni spinaqin derisa të thahet dhe hiqeni nga wok. Ngrohni vajin e mbetur dhe skuqni qepët, pluhurin djegës, ujin dhe miellin e mbetur të misrit për 2 minuta. Shtoni pulën dhe skuqeni shpejt. E vendosim spinaqin në një pjatë të ngrohtë, sipër i hedhim pulën dhe e shërbejmë të zbukuruar me domate.

Pres pule Suey

Shërben 4 racione

100 g / 4 oz gjethe kineze, të copëtuara

100 g / 4 oz fidane bambuje, të prera në shirita

60 ml / 4 lugë gjelle vaj kikiriku

3 qepë (qepëza), të prera në feta

2 thelpinj hudhre, te shtypura

1 fetë rrënjë xhenxhefili, e prerë

225 g / 8 oz gjoks pule, të prerë në rripa

45 ml / 3 lugë salcë soje

15 ml / 1 lugë gjelle verë orizi ose sheri të thatë

5 ml/1 lugë kripë

2,5 ml/½ lugë sheqer

piper i sapo bluar

15 ml / 1 lugë gjelle miell misri (niseshte misri)

Zbardhni gjethet kineze dhe lastarët e bambusë në ujë të vluar për 2 minuta. Kullojeni dhe thajeni. Ngrohni 45 ml / 3 lugë vaj dhe skuqni qepën, hudhrën dhe xhenxhefilin derisa të marrin një ngjyrë të lehtë të artë. Shtoni pulën dhe skuqeni për 4 minuta. Hiqeni nga tigani. Ngrohni vajin e mbetur dhe skuqni perimet për 3 minuta. Shtoni pulën, salcën e sojës, verën ose sherin, kripën, sheqerin dhe një majë piper dhe skuqini për 1 minutë. Përziejmë miellin e misrit me pak ujë, e përziejmë në salcë dhe e kaurdisim duke e trazuar derisa salca të lehtësohet dhe të trashet.

mish pule mein

Shërben 4 racione

30 ml / 2 lugë gjelle vaj kikiriku

2 thelpinj hudhre, te shtypura

450 g/1 lb pule, e prerë në feta

225 g / 8 oz fidane bambuje, të prera në feta

100 g selino, të prerë në feta

225 g / 8 oz kërpudha, të prera në feta

450 ml / ¾ pt / 2 gota lëng pule

225 g / 8 oz lakër fasule

4 qepë të prera në kubikë

30 ml / 2 lugë salcë soje

30 ml / 2 lugë gjelle miell misri (niseshte misri)

225 g petë të thata kineze

Ngroheni vajin me hudhrën derisa të skuqet lehtë, më pas shtoni pulën dhe gatuajeni për 2 minuta derisa të skuqet lehtë. Shtoni fidanet e bambusë, selinon dhe kërpudhat dhe skuqini për 3 minuta. Shtoni pjesën më të madhe të lëngut, lëreni të vlojë, mbulojeni dhe ziejini për 8 minuta. Shtoni filizat e fasules dhe qepën dhe ziejini për 2 minuta duke e trazuar derisa të mbetet pak lëng mishi. Përzieni lëngun e mbetur me salcën e sojës dhe miell misri. E trazojmë tiganin dhe e gatuajmë duke e trazuar derisa salca të jetë lehtësuar dhe trashur.

Ndërkohë gatuajini makaronat në ujë të vluar me kripë për disa minuta sipas udhëzimeve të paketimit. E kullojmë mirë, e përziejmë me masën e pulës dhe e shërbejmë menjëherë.

Pulë me erëza të skuqur krokante

Shërben 4 racione

450 g/1 lb pule, e prerë në copa
30 ml / 2 lugë salcë soje
30 ml / 2 lugë gjelle salcë kumbulle

45 ml/3 lugë çatni mango

1 thelpi hudhër, e shtypur

2,5 ml/½ lugë xhenxhefil pluhur

disa pika raki

30 ml / 2 lugë gjelle miell misri (niseshte misri)

2 vezë, të rrahura

100 g / 4 oz / 1 filxhan bukë të thatë

30 ml / 2 lugë gjelle vaj kikiriku

6 qepë (qepëza), të grira

1 piper i kuq i prerë në kubikë

1 piper jeshil i prere ne kubik

30 ml / 2 lugë salcë soje

30 ml/2 lugë mjaltë

30 ml/2 lugë gjelle uthull vere

Vendoseni pulën në një tas. I bashkojmë salcat, chutney-n, hudhrën, xhenxhefilin dhe rakinë, i hedhim sipër pulës, e mbulojmë dhe e marinojmë për 2 orë. Kullojeni pulën dhe më pas spërkateni me miell misri. Zhyteni në vezë dhe më pas në thërrime buke. Ngroheni vajin dhe skuqeni pulën deri në kafe të artë. Hiqeni nga tigani. Shtoni perimet dhe skuqini për 4 minuta dhe hiqini. Kullojmë vajin nga tigani dhe kthejmë pulën dhe perimet në tigan me përbërësit e mbetur. Lëreni të vlojë dhe ngroheni përsëri përpara se ta shërbeni.

Pulë e skuqur me kastravec

Shërben 4 racione

225 g / 8 oz mish pule

1 e bardhe veze

2,5 ml/½ lugë miell misri (miseshte misri)

kripë

½ kastravec

30 ml / 2 lugë gjelle vaj kikiriku

100 g kërpudha butona

50 g / 2 oz fidane bambuje, të prera në shirita

50 g/2oz proshutë, të prerë në kubikë

15 ml / 1 lugë gjelle ujë

2,5 ml/½ lugë e vogël kripë

2,5 ml/½ lugë çaji verë orizi ose sheri të thatë

2,5 ml/½ lugë vaj susami

Pritini pulën dhe prisni në copa. Përziejini me të bardhën e vezës, miell misri dhe kripë dhe lëreni të pushojë. Presim kastravecin përgjysmë për së gjati dhe e presim diagonalisht në feta të trasha.

Ngrohni vajin dhe skuqni pulën derisa të skuqet lehtë, më pas hiqeni nga tigani. Shtoni kastravecin dhe fidanet e bambusë dhe skuqini për 1 minutë. Kthejeni pulën në tigan me proshutë, ujë, kripë dhe verë ose sheri. Lëreni të ziejë dhe gatuajeni derisa pula të zbutet. Shërbejeni të spërkatur me vaj susami.

Kari pule me piper

Shërben 4 racione

120 ml / 4 ml oz / ½ filxhan vaj kikiriku

4 copa pule

1 qepë e grirë

5 ml/1 lugë gjelle pluhur kerri

5 ml / 1 lugë salcë djegëse

15 ml / 1 lugë gjelle verë orizi ose sheri të thatë
2,5 ml/½ lugë e vogël kripë
600 ml / 1 pt / 2½ filxhan lëng pule
15 ml / 1 lugë gjelle miell misri (niseshte misri)
45 ml / 3 lugë gjelle ujë
5 ml/1 lugë vaj susami

Ngroheni vajin dhe skuqni copat e pulës derisa të marrin ngjyrë kafe të artë nga të dyja anët dhe i hiqni nga tigani. Shtoni qepën, kerri dhe salcën djegëse dhe skuqini për 1 minutë. Shtojmë verën ose sherin dhe kripën, e trazojmë mirë, më pas e kthejmë pulën në tigan dhe e trazojmë sërish. Shtoni lëngun, lëreni të ziejë dhe ziejini për rreth 30 minuta derisa pula të zbutet. Nëse salca nuk zvogëlohet mjaftueshëm, përzieni miellin e misrit dhe ujin në një pastë, përzieni pak në salcë dhe gatuajeni, duke e trazuar, derisa salca të trashet. Shërbejeni të spërkatur me vaj susami.

Kari kinez i pulës

Shërben 4 racione

45 ml/3 lugë gjelle pluhur kerri
1 qepë, e prerë në feta
350 g/12oz pulë të prerë në kubikë
150 ml/¼ pt/bujare ½ filxhan lëng pule
5 ml/1 lugë kripë

10 ml / 2 lugë lugë miell misri (niseshte misri)

15 ml / 1 lugë gjelle ujë

Ngroheni kerri dhe qepën në një tigan të thatë për 2 minuta, duke tundur tiganin që të lyhet qepa. Shtoni pulën dhe përzieni derisa kerri të jetë lyer mirë. Shtoni lëngun dhe kripën, lëreni të vlojë, mbulojeni dhe ziejini për rreth 5 minuta derisa pula të zbutet. Rrihni miellin e misrit dhe ujin derisa të formohet një pastë, përzieni në tigan dhe gatuajeni, duke e trazuar, derisa salca të trashet.

Pulë me kerri të shpejtë

Shërben 4 racione

450 g/1 lb gjoks pule, të prerë në kubikë

45 ml / 3 lugë gjelle verë orizi ose sheri të thatë

50 gr miell misri (niseshte misri)

1 e bardhe veze

kripë

150 ml/¼ pt/ ½ filxhan bujar vaj kikiriku

15 ml/1 lugë gjelle pluhur kerri

10 ml / 2 lugë sheqer kaf

150 ml/¼ pt/bujare ½ filxhan lëng pule

Hidhni kube pule dhe sheri, rezervoni 10 ml/2 lugë miell misri. Rrihni të bardhat e vezëve me miellin e mbetur të misrit dhe pak kripë, më pas futeni në pulë derisa të lyhet mirë. Ngrohni vajin dhe skuqni pulën derisa të zihet dhe të marrë ngjyrë kafe të artë. Hiqeni nga tigani dhe kulloni të gjithë, përveç 15 ml/1 lugë gjelle vaj. Shtoni miellin e rezervuar të misrit, kerri dhe sheqerin dhe skuqeni për 1 minutë. Shtoni lëngun, lëreni të ziejë dhe gatuajeni, duke e përzier vazhdimisht, derisa salca të trashet. Kthejeni pulën në tigan, kthejeni dhe ngroheni përsëri përpara se ta shërbeni.

Kari pule me patate

Shërben 4 racione

45 ml / 3 lugë gjelle vaj kikiriku

2,5 ml/½ lugë e vogël kripë

1 thelpi hudhër, e shtypur

750 g / 1½ lb pulë të prerë në kubikë

225 g / 8 oz patate të prera në kubikë

4 qepë të prera në kubikë

15 ml/1 lugë gjelle pluhur kerri

450 ml / ¾ pt / 2 gota lëng pule

225 g / 8 oz kërpudha, të prera në feta

Ngroheni vajin me kripë dhe hudhër, shtoni pulën dhe skuqeni derisa të skuqet lehtë. Shtoni patatet, qepën dhe kerin dhe skuqini për 2 minuta. Shtoni lëngun, lëreni të ziejë, mbulojeni dhe ziejini për rreth 20 minuta derisa mishi i pulës të jetë gatuar, duke e përzier herë pas here. Shtoni kërpudhat, hiqni kapakun dhe gatuajeni edhe për 10 minuta të tjera derisa të pakësohet lëngu.

Kofshë pule të skuqur

Shërben 4 racione

2 kofshë të mëdha pule, pa kocka

2 qepe (qepe)

1 fetë xhenxhefil, të rrahur

120 ml / 4 ml oz / ½ filxhan salcë soje

5 ml/1 lugë çaji verë orizi ose sheri të thatë

vaj për tiganisje

5 ml/1 lugë vaj susami

piper i sapo bluar

Ndani mishin e pulës dhe shënoni të gjithë. Rrahim 1 qiqra dhe tjetrin e presim. Përzieni qiqrat e sheshta me xhenxhefil, salcë soje dhe verë ose sheri. Hidhni sipër pulën dhe marinojini për 30 minuta. Hiqeni dhe kulloni. Vendoseni në një pjatë në një raft me avull dhe ziejini për 20 minuta.

Ngroheni vajin dhe skuqeni pulën për rreth 5 minuta derisa të marrë ngjyrë kafe të artë. I heqim nga tava, i kullojmë mirë dhe i presim në feta trashë, më pas i vendosim fetat në një pjatë të ngrohur. Ngrohni vajin e susamit, shtoni qiqrat e grira dhe piper, derdhni sipër pulës dhe shërbejeni.

Pulë e skuqur me salcë kerri

Shërben 4 racione

1 vezë e rrahur lehtë
30 ml / 2 lugë gjelle miell misri (niseshte misri)
25 g / 1 oz / ¼ filxhan miell të thjeshtë (për të gjitha qëllimet)
2,5 ml/½ lugë e vogël kripë
225 g/8oz pulë të prerë në kubikë
vaj për tiganisje
30 ml / 2 lugë gjelle vaj kikiriku
30 ml/2 lugë gjelle pluhur kerri
60 ml / 4 lugë gjelle verë orizi ose sheri të thatë

Rrihni vezën me miell misri, miell dhe kripë derisa të përftoni një brumë të trashë. Hidhni sipër pulën dhe përzieni mirë. Ngrohni vajin dhe skuqeni pulën derisa të marrë ngjyrë kafe të artë dhe të gatuhet. Ndërkohë ngrohim vajin dhe skuqim pluhurin e kerit për 1 minutë. Shtoni verën ose sheri dhe lëreni të ziejë. Vendoseni pulën në një pjatë të ngrohtë dhe derdhni mbi të salcën e kerit.

pulë e dehur

Shërben 4 racione

450 g/1 lb fileto pule, e prerë në copa

60 ml / 4 lugë salcë soje

30 ml/2 lugë gjelle salcë hoisin

30 ml / 2 lugë gjelle salcë kumbulle

30 ml/2 lugë gjelle uthull vere

2 thelpinj hudhre, te shtypura

majë kripë

disa pika vaj djegës

2 te bardha veze

60 ml / 4 lugë gjelle miell misri (niseshte misri)

vaj për tiganisje

200 ml / ½ pt / 1 ¼ filxhan verë orizi ose sheri të thatë

Vendoseni pulën në një tas. Përziejmë salcat dhe uthullën e verës, hudhrën, kripën dhe vajin me piper, i hedhim sipër pulës dhe e marinojmë në frigorifer për 4 orë. Rrihni të bardhat e vezëve të forta dhe i vendosni në miell misri. E heqim pulën nga marinada dhe e lyejmë me të bardhën e vezës. Ngrohni vajin dhe skuqni pulën derisa të zihet dhe të marrë ngjyrë kafe të artë. Kullojini mirë në letër kuzhine dhe vendosini në një tas. Hidhni sipër verën ose sherin, mbulojeni dhe marinoni në frigorifer për 12 orë. Hiqeni pulën nga vera dhe shërbejeni të ftohtë.

Pulë e kripur me vezë

Shërben 4 racione

30 ml / 2 lugë gjelle vaj kikiriku

4 copa pule

2 qepë (qepëza), të grira

1 thelpi hudhër, e shtypur

1 fetë rrënjë xhenxhefili, e prerë

175 ml / 6 ml oz / ¾ filxhan salcë soje

30 ml / 2 lugë gjelle verë orizi ose sheri të thatë

30 ml / 2 lugë sheqer kaf

5 ml/1 lugë kripë

375 ml / 13 ml oz / 1½ filxhan ujë

4 vezë të ziera fort

15 ml / 1 lugë gjelle miell misri (niseshte misri)

Ngroheni vajin dhe skuqni copat e pulës deri në kafe të artë. Shtoni qepujt, hudhrën dhe xhenxhefilin dhe gatuajeni për 2 minuta. Shtoni salcën e sojës, verën ose sherin, sheqerin dhe kripën dhe përzieni mirë. Shtoni ujin dhe lëreni të vlojë, mbulojeni dhe ziejini për 20 minuta. Shtoni vezët e ziera, mbulojeni dhe ziejini për 15 minuta të tjera. Përziejmë miellin e misrit me pak ujë, e përziejmë në salcë dhe e kaurdisim duke e trazuar derisa salca të lehtësohet dhe të trashet.

rrotullat e vezëve të pulës

Shërben 4 racione

4 kërpudha të thata kineze

100 g/4oz pulë, e prerë në rripa

5 ml / 1 lugë miell misri (miseshte misri)

15 ml / 1 lugë gjelle salcë soje

2,5 ml/½ lugë e vogël kripë

2,5 ml/½ lugë sheqer

60 ml / 4 lugë gjelle vaj kikiriku

225 g / 8 oz lakër fasule

3 qepë (qepëza), të grira

100 g/4oz spinaq

12 lëkura rrotullash vezësh

1 vezë e rrahur

vaj për tiganisje

Thithni kërpudhat në ujë të nxehtë për 30 minuta dhe kullojini. Hidhni kërcellet dhe copëtoni pjesën e sipërme. Vendoseni pulën në një tas. Përzieni miell misri me 5 ml/1 lugë salcë soje, kripë dhe sheqer dhe përzieni në mish pule. Lëreni të pushojë për 15 minuta. Ngroheni gjysmën e vajit dhe skuqni pulën derisa të skuqet lehtë. Zbardhni filizat e fasules në ujë të vluar për 3 minuta dhe kullojini. Ngrohni vajin e mbetur dhe skuqni qepujt derisa të marrin një ngjyrë kafe të lehtë. Hidhni kërpudhat, lakër fasule, spinaqin dhe salcën e mbetur të sojës, shtoni pulën dhe skuqeni për 2 minuta. Lëreni të ftohet. Vendosni pak mbushje në qendër të çdo lëkure dhe lyeni skajet me vezë të rrahur. Palosni anët dhe rrotulloni rrotullat e vezëve, duke i mbyllur skajet me vezë. Ngrohni vajin dhe skuqni rrotullat e vezëve derisa të bëhen krokante dhe të marrin ngjyrë të artë.

Pulë e skuqur me vezë

Shërben 4 racione

30 ml / 2 lugë gjelle vaj kikiriku

4 fileto gjoks pule të prera në rripa

1 spec i kuq, i prere ne rripa

1 spec jeshil, i prere ne rripa

45 ml / 3 lugë salcë soje

45 ml / 3 lugë gjelle verë orizi ose sheri të thatë

250 ml / 8 ml oz / 1 filxhan lëng pule

100 g / 4 oz marule ajsberg, e grirë

5 ml / 1 lugë çaji sheqer kaf

30 ml/2 lugë gjelle salcë hoisin

kripë dhe piper

15 ml / 1 lugë gjelle miell misri (niseshte misri)

30 ml / 2 lugë gjelle ujë

4 vezë

30 ml / 2 lugë sheri

Ngrohni vajin dhe skuqni pulën dhe specat deri në kafe të artë. Shtoni salcën e sojës, verën ose sherin dhe lëngun, lëreni të vlojë, mbulojeni dhe ziejini për 30 minuta. Shtoni sallatën, sheqerin dhe salcën hoisin dhe i rregulloni me kripë dhe piper. Bashkoni miellin e misrit dhe ujin, përzieni në salcë dhe lëreni të vlojë duke e trazuar. Rrihni vezët me sheri dhe skuqini si omëletë të holla. I spërkasim me kripë dhe piper dhe i presim në rripa. I rregullojmë në një pjatë të ngrohur dhe i hedhim sipër pulës.

pulë nga lindja e largët

Shërben 4 racione

60 ml / 4 lugë gjelle vaj kikiriku

450 g/1 lb pule, e prerë në copa

2 thelpinj hudhre, te shtypura

2,5 ml/½ lugë e vogël kripë

2 qepë, të grira

2 copa kërcell xhenxhefili të grirë

45 ml / 3 lugë salcë soje

30 ml/2 lugë gjelle salcë hoisin

45 ml / 3 lugë gjelle verë orizi ose sheri të thatë

300 ml / ½ pt / 1¼ filxhan lëng pule

5 ml/1 lugë çaji piper i sapo bluar

6 vezë të ziera fort, të copëtuara

15 ml / 1 lugë gjelle miell misri (niseshte misri)

15 ml / 1 lugë gjelle ujë

Ngroheni vajin dhe skuqeni pulën deri në kafe të artë. Shtoni hudhrën, kripën, qepën dhe xhenxhefilin dhe skuqini për 2 minuta. Shtoni salcë soje, salcë hoisin, verë ose sheri, lëng dhe piper. Lëreni të vlojë, mbulojeni dhe gatuajeni për 30 minuta. Shtoni vezët. Bashkoni miellin e misrit dhe ujin dhe përzieni në salcë. Lëreni të vlojë dhe gatuajeni duke e trazuar derisa salca të trashet.

Pule Foo Yung

Shërben 4 racione

6 vezë të rrahura
45 ml / 3 lugë miell misri (niseshte misri)
100 g/4oz kërpudha, të prera përafërsisht
225 g / 8 oz gjoks pule, të prerë në kubikë
1 qepë, e grirë hollë
5 ml/1 lugë kripë
45 ml / 3 lugë gjelle vaj kikiriku

Rrihni vezët dhe më pas miellin e misrit. Përziejini të gjithë përbërësit e mbetur përveç vajit. Ngrohni vajin. Masën e derdhim në tigan nga pak për të bërë petulla të vogla me diametër rreth 3 centimetra. Gatuani derisa pjesa e poshtme të skuqet, kthejeni dhe gatuajeni anën tjetër.

Proshutë dhe pulë Foo Yung

Shërben 4 racione

6 vezë të rrahura
45 ml / 3 lugë miell misri (niseshte misri)
100 g/4oz proshutë, të prerë në kubikë
225 g / 8 oz gjoks pule, të prerë në kubikë
3 qepë (qepëza), të grira hollë
5 ml/1 lugë kripë
45 ml / 3 lugë gjelle vaj kikiriku

Rrihni vezët dhe më pas miellin e misrit. Përziejini të gjithë përbërësit e mbetur përveç vajit. Ngrohni vajin. Masën e derdhim në tigan nga pak për të bërë petulla të vogla me diametër rreth 3 centimetra. Gatuani derisa pjesa e poshtme të skuqet, kthejeni dhe gatuajeni anën tjetër.

Pulë e skuqur me xhenxhefil

Shërben 4 racione

1 pulë e përgjysmuar
4 feta rrënjë xhenxhefili, të grimcuara
30 ml / 2 lugë gjelle verë orizi ose sheri të thatë
30 ml / 2 lugë salcë soje
5 ml/1 lugë sheqer
vaj për tiganisje

Vendoseni pulën në një tas të cekët. Përzieni xhenxhefilin, verën ose sherin, salcën e sojës dhe sheqerin, hidheni sipër pulës dhe fërkojeni në lëkurë. E lemë të marinohet për 1 orë. Ngrohni vajin dhe skuqni pulën gjysmë nga një, derisa të skuqet lehtë. Hiqni vajin dhe lëreni të ftohet pak derisa vaji të nxehet. Kthejeni pulën në tigan dhe gatuajeni derisa të skuqet dhe të gatuhet. Kullojini mirë përpara se ta shërbeni.

Pulë me xhenxhefil

Shërben 4 racione

225 g / 8 oz pulë, e prerë në feta hollë

1 e bardhe veze

majë kripë

2,5 ml/½ lugë miell misri (miseshte misri)

15 ml / 1 lugë gjelle vaj kikiriku

10 feta rrënjë xhenxhefili

6 kërpudha, të prera në gjysmë

1 karotë, e prerë në feta

2 qepë (qepëza), të prera në feta

5 ml/1 lugë çaji verë orizi ose sheri të thatë

5 ml/1 lugë çaji ujë

2,5 ml/½ lugë vaj susami

Përzieni pulën me të bardhat e vezëve, kripën dhe miell misri. Ngrohni gjysmën e vajit dhe skuqni pulën derisa të skuqet lehtë, më pas hiqeni nga tigani. Ngrohni vajin e mbetur dhe skuqni xhenxhefilin, kërpudhat, karotat dhe qepët e freskëta për 3 minuta. Kthejeni pulën në tenxhere me verë ose sheri dhe ujë dhe gatuajeni derisa pula të zbutet. Shërbejeni të spërkatur me vaj susami.

Pulë me xhenxhefil me kërpudha dhe gështenja

Shërben 4 racione

60 ml / 4 lugë gjelle vaj kikiriku

225 g / 8 oz qepë, të prera në feta

450 g/1 paund pule, e prerë në kubikë

100 g/4oz kërpudha, të prera në feta

30 ml / 2 lugë gjelle miell i thjeshtë (për të gjitha qëllimet)

60 ml / 4 lugë salcë soje

10 ml / 2 lugë çaji sheqer

kripë dhe piper i sapo bluar

900 ml / 1½ pt / 3¾ filxhanë ujë të nxehtë

2 feta rrënjë xhenxhefili, të prera

450 g/1 kile gështenja uji

Ngroheni gjysmën e vajit dhe skuqni qepët për 3 minuta, më pas i hiqni nga tigani. Ngrohni vajin e mbetur dhe skuqni pulën derisa të skuqet lehtë.

Shtoni kërpudhat dhe ziejini për 2 minuta. Përzierjen e pudrosni me miell, më pas përzieni salcën e sojës, sheqerin, kripën dhe piperin, hidhni ujin dhe xhenxhefilin, qepën dhe gështenjat, lëreni të vlojë, mbulojeni dhe ziejini ngadalë për 20 minuta. Hiqeni kapakun dhe vazhdoni të zieni butësisht derisa salca të pakësohet.

Pulë e artë

Shërben 4 racione

8 copa të vogla pule
300 ml / ½ pt / 1 ¼ filxhan lëng pule
45 ml / 3 lugë salcë soje
15 ml / 1 lugë gjelle verë orizi ose sheri të thatë
5 ml/1 lugë sheqer
1 rrënjë xhenxhefil të prerë në feta, të prera

Vendosni të gjithë përbërësit në një tenxhere të madhe, lërini të vlojnë, mbulojeni dhe ziejini për rreth 30 minuta derisa pula të zihet. Hiqeni kapakun dhe vazhdoni të gatuani derisa salca të pakësohet.

Zierje pule e artë e marinuar

Shërben 4 racione

4 copa pule

300 ml / ½ pt / 1 ¼ filxhan salcë soje

vaj për tiganisje

4 qepë (qepëza), të prera në feta të trasha

1 fetë rrënjë xhenxhefili, e prerë

2 speca të kuq, të prera në feta

3 karafil anise

50 g / 2 oz fidane bambuje, të prera në feta

150 ml/1 ½ pt/bujare ½ filxhan lëng pule

30 ml / 2 lugë gjelle miell misri (niseshte misri)

60 ml / 4 lugë gjelle ujë
5 ml/1 lugë vaj susami

Pritini pulën në copa të mëdha dhe marinoni në salcë soje për 10 minuta. E heqim dhe e kullojmë duke e rezervuar salcën e sojës. Ngroheni vajin dhe skuqeni pulën për rreth 2 minuta derisa të skuqet lehtë. Hiqeni dhe kulloni. Hidhni në të gjithë vajin përveç 30 ml/2 lugë gjelle, më pas shtoni qepën e pranverës, xhenxhefilin, piperin dhe aniseun dhe skuqini për 1 minutë. Kthejeni pulën në tenxhere me fidanet e bambusë dhe salcën e sojës të rezervuar dhe shtoni lëngun e mjaftueshëm për të mbuluar pulën. Lëreni të ziejë dhe gatuajeni për rreth 10 minuta derisa pula të zbutet. Hiqeni pulën nga salca me një lugë të prerë dhe vendoseni në një pjatë të ngrohtë. Kullojeni salcën dhe kthejeni në tigan. Rrihni miellin e misrit dhe ujin derisa të formohet një pastë, përzieni në salcë dhe gatuajeni, duke e trazuar, derisa salca të trashet.

Monedhat e arta

Shërben 4 racione

4 fileto gjoks pule

30 ml/2 lugë mjaltë

30 ml/2 lugë gjelle uthull vere

30 ml / 2 lugë gjelle ketchup domate (catsup)

30 ml / 2 lugë salcë soje

majë kripë

2 thelpinj hudhre, te shtypura

5 ml/1 lugë çaji pluhur me pesë erëza

45 ml / 3 lugë gjelle miell i thjeshtë (për të gjitha qëllimet)

2 vezë, të rrahura

5 ml/1 lugë gjelle xhenxhefil të grirë

5 ml / 1 lugë gjelle lëvozhgë limoni të grirë

100 g / 4 oz / 1 filxhan bukë të thatë
vaj për tiganisje

Vendoseni pulën në një tas. Përzieni mjaltin, uthullën e verës, ketchupin e domates, salcën e sojës, kripën, hudhrën dhe pluhurin me pesë erëza. Hidhni sipër pulën, përzieni mirë, mbulojeni dhe marinoni në frigorifer për 12 orë.

Hiqeni pulën nga marinada dhe prisni në shirita të trashë. Spërkateni me miell. Rrihni vezët, xhenxhefilin dhe lëkurën e limonit. Lyejeni pulën në përzierje dhe më pas në thërrimet e bukës derisa të lyhen mirë. Ngroheni vajin dhe skuqeni pulën deri në kafe të artë.

Pulë e zier në avull me proshutë

Shërben 4 racione

4 porcione pule
100 g / 4 oz proshutë të tymosur, të copëtuar
3 qepë (qepëza), të grira
15 ml / 1 lugë gjelle vaj kikiriku
kripë dhe piper i sapo bluar

15 ml / 1 lugë gjelle majdanoz me gjethe të sheshta

Pritini pjesët e pulës në copa 5 cm/1 cm dhe vendosini në një enë rezistente ndaj nxehtësisë me proshutën dhe qepën. Spërkateni me vaj ulliri dhe vendoseni me kripë dhe piper, më pas përzieni përbërësit butësisht. Vendoseni tasin në një raft në një avull, mbulojeni dhe ziejini në ujë të vluar për rreth 40 minuta derisa pula të zbutet. Shërbejeni të zbukuruar me majdanoz.

Pulë me salcë Hoisin

Shërben 4 racione

4 copa pule, të prera në gjysmë
50 g / 2 oz / ½ filxhan miell misri (miseshte misri)
vaj për tiganisje
10 ml / 2 lugë gjelle rrënjë xhenxhefili të grirë
2 qepë, të grira
225 g lule brokoli
1 piper i kuq, i grire
225 g kërpudha butona
250 ml / 8 ml oz / 1 filxhan lëng pule
45 ml / 3 lugë gjelle verë orizi ose sheri të thatë
45 ml / 3 lugë uthull musht
45 ml/3 lugë salcë hoisin
20 ml/4 lugë salcë soje

Thërrmoni copat e pulës në gjysmën e miellit të misrit. Ngrohni vajin dhe skuqni copat e pulës, disa nga një, për rreth 8 minuta, derisa të skuqen dhe të gatuhen. E heqim nga tava dhe e kullojmë në letër kuzhine. Hiqni të gjitha, përveç 30 ml/2 lugë gjelle vaj nga tigani dhe skuqni xhenxhefilin për 1 minutë. Shtoni qepën dhe skuqeni për 1 minutë. Shtoni brokolin, piperin dhe kërpudhat dhe skuqini për 2 minuta. Kombinoni lëngun me miell misri të rezervuar dhe përbërësit e mbetur dhe shtoni në tigan. Lëreni të vlojë duke e trazuar dhe gatuajeni derisa salca të jetë e qartë. Kthejeni pulën në wok dhe gatuajeni, duke e trazuar, për rreth 3 minuta derisa të nxehet.

pulë mjaltë

Shërben 4 racione

30 ml / 2 lugë gjelle vaj kikiriku

4 copa pule

30 ml / 2 lugë salcë soje

120 ml / 4 ml oz / ½ filxhan verë orizi ose sheri të thatë

30 ml/2 lugë mjaltë

5 ml/1 lugë kripë

1 qepe (krepë), e grirë

1 fetë rrënjë xhenxhefil, e prerë imët

Ngroheni vajin dhe skuqni pulën deri në kafe të artë nga të gjitha anët. Hidhni vajin e tepërt. Përziejini përbërësit e mbetur dhe hidhini në tigan. Lëreni të vlojë, mbulojeni dhe gatuajeni për rreth 40 minuta derisa pula të jetë gatuar.

Pulë Kung Pao

Shërben 4 racione

450 g/1 paund pule të prerë në kubikë

1 e bardhe veze

5 ml/1 lugë kripë

30 ml / 2 lugë gjelle miell misri (niseshte misri)

60 ml / 4 lugë gjelle vaj kikiriku

25 g / 1 oz piper i kuq i tharë, i prerë

5 ml/1 lugë hudhër të grirë

15 ml / 1 lugë gjelle salcë soje

15ml/1 lugë gjelle verë orizi ose sheri të thatë 5ml/1 lugë sheqer

5 ml/1 lugë uthull vere

5 ml/1 lugë vaj susami

30 ml / 2 lugë gjelle ujë

E vendosim pulën në një tas me të bardhat e vezëve, kripën dhe gjysmën e miellit të misrit dhe e marinojmë për 30 minuta. Ngrohni vajin dhe skuqni pulën derisa të skuqet lehtë, më pas hiqeni nga tigani. Ngroheni përsëri vajin dhe skuqni specat dhe hudhrat për 2 minuta. E kthejmë pulën në tigan me salcën e sojës, verën ose sherin, sheqerin, uthullën e verës dhe vajin e susamit dhe e skuqim për 2 minuta. Bashkoni miellin e mbetur të misrit me ujin, përzieni në tigan dhe gatuajeni duke e trazuar derisa salca të jetë e lehtësuar dhe e trashur.

Pulë me presh

Shërben 4 racione

30 ml / 2 lugë gjelle vaj kikiriku

5 ml/1 lugë kripë

225 g / 8 oz presh, të prera në feta

1 fetë rrënjë xhenxhefili, e prerë

225 g / 8 oz pulë, e prerë në feta hollë

15 ml / 1 lugë gjelle verë orizi ose sheri të thatë

15 ml / 1 lugë gjelle salcë soje

Ngroheni gjysmën e vajit dhe skuqni kripën dhe preshin derisa të marrin një ngjyrë kafe të lehtë, më pas hiqeni nga tigani. Ngrohni vajin e mbetur dhe skuqni xhenxhefilin dhe pulën derisa të skuqen lehtë. Shtoni verën ose sherin dhe salcën e sojës dhe gatuajeni edhe për 2 minuta të tjera derisa pula të jetë gatuar. Vendosini prapë preshët në tigan dhe përziejini derisa të nxehen. Shërbejeni menjëherë.

pule me limon

Shërben 4 racione

4 gjoks pule pa kocka

2 vezë

50 g / 2 oz / ½ filxhan miell misri (miseshte misri)

50 g / 2 oz / ½ filxhan miell i thjeshtë (për të gjitha qëllimet)

150 ml/¼ pt/½ filxhan bujar ujë

vaj kikiriku për tiganisje

250 ml / 8 ml oz / 1 filxhan lëng pule

60 ml / 5 lugë gjelle lëng limoni

30 ml / 2 lugë gjelle verë orizi ose sheri të thatë

30 ml / 2 lugë gjelle miell misri (niseshte misri)

30 ml / 2 lugë gjelle pure domate (pastë)

1 kokë sallatë

Pritini çdo gjoks pule në 4 pjesë. Rrihni së bashku vezët, miellin e misrit dhe miellin e grurit, duke shtuar ujë të mjaftueshëm për të bërë një brumë të trashë. Vendosni copat e pulës në brumë dhe përziejini derisa të mbulohen mirë. Ngrohni vajin dhe skuqeni pulën derisa të marrë ngjyrë kafe të artë dhe të gatuhet.

Ndërkohë, kombinoni lëngun, lëngun e limonit, verën ose sherin, miellin e misrit dhe purenë e domates dhe ngrohni butësisht, duke e trazuar, derisa masa të vlojë. Gatuani butësisht, duke e përzier vazhdimisht, derisa salca të trashet dhe të bëhet e qartë. Vendoseni pulën në një pjatë të ngrohtë në një shtrat me gjethe marule dhe derdhni salcën sipër ose shërbejeni veçmas.

Pulë e skuqur me limon

Shërben 4 racione

450 g/1 lb pulë pa kocka, e prerë në feta

30 ml / 2 lugë gjelle lëng limoni

15 ml / 1 lugë gjelle salcë soje

15 ml / 1 lugë gjelle verë orizi ose sheri të thatë

30 ml / 2 lugë gjelle miell misri (niseshte misri)

30 ml / 2 lugë gjelle vaj kikiriku

2,5 ml/½ lugë e vogël kripë

2 thelpinj hudhre, te shtypura

50 g / 2 oz gështenja uji, të prera në rripa

50 g / 2 oz fidane bambuje, të prera në shirita

disa gjethe kineze, të prera në rripa

60 ml / 4 lugë supë pule

15 ml / 1 lugë pure domate (pastë)

15 ml / 1 lugë gjelle sheqer

15 ml / 1 lugë gjelle lëng limoni

Vendoseni pulën në një tas. Rrihni së bashku lëngun e limonit, salcën e sojës, verën ose sherin dhe 15 ml/1 lugë miell misri, derdhni sipër pulës dhe marinojini për 1 orë, duke i kthyer herë pas here.

Ngrohni vajin, kripën dhe hudhrën derisa hudhra të skuqet lehtë, më pas shtoni pulën dhe marinadën dhe skuqeni për rreth 5 minuta derisa pula të skuqet lehtë. Shtoni gështenjat e ujit, lastarët e bambusë dhe gjethet kineze dhe skuqini për 3 minuta të tjera ose derisa pula të jetë gatuar. Shtoni përbërësit e mbetur dhe skuqini për rreth. 3 minuta derisa salca të jetë e qartë dhe të trashet.

Mëlçi pule me kërcell bambuje

Shërben 4 racione

225 g / 8 oz mëlçi pule, e prerë në feta trashë
45 ml / 3 lugë gjelle verë orizi ose sheri të thatë
45 ml / 3 lugë gjelle vaj kikiriku
15 ml / 1 lugë gjelle salcë soje
100 g / 4 oz fidane bambuje, të prera në feta
100 g / 4 oz gështenja uji, të prera në feta
60 ml / 4 lugë supë pule
kripë dhe piper i sapo bluar

Përzieni mëlçitë e pulës me verën ose sherin dhe lëreni për 30 minuta. Ngrohni vajin dhe skuqni mëlçitë e pulës derisa të marrin një ngjyrë kafe të lehtë. Shtoni marinadën, salcën e sojës, lastarët e bambusë, gështenjat e ujit dhe lëngun e mishit. Lëreni të ziejë dhe rregulloni me kripë dhe piper. Mbulojeni dhe gatuajeni për rreth 10 minuta derisa të zbuten.

Mëlçia e pulës së skuqur

Shërben 4 racione

450 g/1 lb mëlçi pule, të përgjysmuar
50 g / 2 oz / ½ filxhan miell misri (miseshte misri)
vaj për tiganisje

Thajeni mëlçitë e pulës dhe spërkatni me miell misri, shkundni tepricën. Ngrohni vajin dhe skuqni mëlçitë e pulës për disa minuta derisa të marrin ngjyrë kafe të artë dhe të ziejnë. Kullojini në letër kuzhine përpara se ta shërbeni.

Mëlçi pule me Mangetout

Shërben 4 racione

225 g / 8 oz mëlçi pule, e prerë në feta trashë

10 ml / 2 lugë lugë miell misri (niseshte misri)

10 ml / 2 lugë çaji verë orizi ose sheri të thatë

15 ml / 1 lugë gjelle salcë soje

45 ml / 3 lugë gjelle vaj kikiriku

2,5 ml/½ lugë e vogël kripë

2 feta rrënjë xhenxhefili, të prera

100 g / 4 oz mangeout (bizele)

10 ml / 2 lugë lugë miell misri (niseshte misri)

60 ml / 4 lugë gjelle ujë

Vendosni mëlçitë e pulës në një tas. Shtoni miell misri, verë ose sheri dhe salcë soje dhe përzieni mirë. Ngrohni gjysmën e vajit dhe skuqni kripën dhe xhenxhefilin derisa të marrin një ngjyrë kafe të lehtë. Shtoni mangetout dhe skuqeni derisa të lyhet mirë me vaj, më pas hiqeni nga tigani. Ngrohni vajin e mbetur dhe skuqni mëlçitë e pulës për 5 minuta derisa të gatuhen. Rrihni miellin e misrit dhe ujin derisa të formohet një pastë, përzieni në tigan dhe gatuajeni, duke e trazuar, derisa salca të jetë e qartë dhe të trashet. Kthejeni mangeout në tigan dhe gatuajeni derisa të nxehet.

Mëlçi pule me petulla makarona

Shërben 4 racione

30 ml / 2 lugë gjelle vaj kikiriku
1 qepë, e prerë në feta
450 g/1 lb mëlçi pule, të përgjysmuar
2 bishta selino të prera në feta
120 ml / 4 ml oz / ½ filxhan lëng pule
15 ml / 1 lugë gjelle miell misri (niseshte misri)
15 ml / 1 lugë gjelle salcë soje
30 ml / 2 lugë gjelle ujë
petulla me makarona

Ngroheni vajin dhe skuqni qepën derisa të thahet. Shtoni mëlçitë e pulës dhe skuqini derisa të marrin ngjyrë kafe të artë. Shtoni selinon dhe skuqeni për 1 minutë. Shtoni lëngun, lëreni të vlojë, mbulojeni dhe zjejini për 5 minuta. Rrihni miellin e misrit, salcën e sojës dhe ujin derisa të formohet një pastë, përzieni në tigan dhe gatuajeni, duke e trazuar, derisa salca të jetë e qartë dhe të trashet. Masën e derdhim mbi petullën me makarona dhe e shërbejmë.

Mëlçi pule me salcë goca deti

Shërben 4 racione

45 ml / 3 lugë gjelle vaj kikiriku

1 qepë e grirë

225 g / 8 oz mëlçi pule, të përgjysmuar

100 g/4oz kërpudha, të prera në feta

30 ml / 2 lugë gjelle salcë deti

15 ml / 1 lugë gjelle salcë soje

15 ml / 1 lugë gjelle verë orizi ose sheri të thatë

120 ml / 4 ml oz / ½ filxhan lëng pule

5 ml/1 lugë sheqer

15 ml / 1 lugë gjelle miell misri (niseshte misri)

45 ml / 3 lugë gjelle ujë

Ngroheni gjysmën e vajit dhe skuqni qepën derisa të marrë ngjyrë të artë. Shtoni mëlçitë e pulës dhe skuqeni derisa të marrin ngjyrë kafe. Shtoni kërpudhat dhe skuqini për 2 minuta. Bashkoni salcën e gocave të detit, salcën e sojës, verën ose sherin, lëngun e mishit dhe sheqerin, derdhni në tigan dhe lërini të vlojnë duke i trazuar. Rrihni miellin e misrit dhe ujin derisa të formohet një pastë, shtoni në tigan dhe gatuajeni, duke e trazuar, derisa salca të jetë e qartë dhe të trashet dhe mëlçitë të jenë të buta.

Mëlçia e pulës me ananas

Shërben 4 racione

225 g / 8 oz mëlçi pule, të përgjysmuar
45 ml / 3 lugë gjelle vaj kikiriku
30 ml / 2 lugë salcë soje
15 ml / 1 lugë gjelle miell misri (niseshte misri)
15 ml / 1 lugë gjelle sheqer
15 ml / 1 lugë gjelle uthull vere
kripë dhe piper i sapo bluar
100 g / 4 oz copa ananasi
60 ml / 4 lugë supë pule

Zbardhni mëlçitë e pulës në ujë të vluar për 30 sekonda dhe kullojini. Ngroheni vajin dhe skuqni mëlçitë e pulës për 30 sekonda. Përzieni salcën e sojës, miellin e misrit, sheqerin, uthullën e verës, kripën dhe piperin, derdhni në tigan dhe përzieni mirë që të lyhen mëlçitë e pulës. Shtoni copat e ananasit dhe lëngun dhe gatuajeni për rreth 3 minuta derisa mëlçitë të jenë gatuar.

Mëlçi pule e ëmbël dhe e thartë

Shërben 4 racione

30 ml / 2 lugë gjelle vaj kikiriku
450 g/1 lb mëlçi pule, të prera në katër pjesë
2 speca jeshil të prerë në copa
4 kanaçe feta ananasi, të prera në copa
60 ml / 4 lugë supë pule
30 ml / 2 lugë gjelle miell misri (niseshte misri)
10 ml/2 lugë salcë soje
100 g / 4 oz / ½ filxhan sheqer
120 ml / 4 ml oz / ½ filxhan uthull vere
120 ml / 4 ml oz / ½ filxhan ujë

Ngrohni vajin dhe skuqni mëlçitë derisa të skuqen lehtë, më pas transferojini në një enë të ngrohur. Shtoni specat në tigan dhe skuqini për 3 minuta. Shtoni ananasin dhe lëngun, lëreni të vlojë, mbulojeni dhe zijeni për 15 minuta. Përziejini përbërësit e mbetur së bashku në një pastë, përzieni në tigan dhe gatuajeni, duke e trazuar, derisa salca të trashet. Hidhni sipër mëlçitë e pulës dhe shërbejeni.

Pulë me lychee

Shërben 4 racione

3 gjoks pule

60 ml / 4 lugë gjelle miell misri (niseshte misri)

45 ml / 3 lugë gjelle vaj kikiriku

5 qepë (qepëza), të prera në feta

1 piper i kuq i prere ne copa

120 ml / 4 ml oz / ½ filxhan salcë domate

120 ml / 4 ml oz / ½ filxhan lëng pule

5 ml/1 lugë sheqer

275g/10oz lychee të qëruar

Pritini gjokset e pulës përgjysmë dhe hiqni dhe hidhni kockat dhe lëkurën. Pritini çdo gjoks në 6. Rezervoni 5 ml/1 lugë miell misri dhe hidhni pulën në pjesën tjetër derisa të mbulohet mirë.

Ngroheni vajin dhe skuqeni pulën për rreth 8 minuta derisa të marrë ngjyrë kafe të artë. Shtoni qiqrat dhe piperin dhe skuqini për 1 minutë. Bashkoni salcën e domates, gjysmën e lëngut dhe sheqerin dhe përzieni në wok me lychee. Lëreni të vlojë, mbulojeni dhe gatuajeni për rreth 10 minuta derisa pula të jetë gatuar. Hidhni miellin e rezervuar të misrit dhe lëngun e mishit, më pas përzieni në tigan. Gatuani duke e trazuar derisa salca të bëhet e qartë dhe të trashet.

Pulë me salcë lychee

Shërben 4 racione

225 g/8oz pulë

1 qepë (qepë)

4 gështenja uji

30 ml / 2 lugë gjelle miell misri (niseshte misri)

45 ml / 3 lugë salcë soje

30 ml / 2 lugë gjelle verë orizi ose sheri të thatë

2 te bardha veze

vaj për tiganisje

400 g / 14 oz kallaj me lyche në shurup

5 lugë lëng pule

Grini (thërmoni) pulën me qiqra dhe gështenja uji. Përzieni gjysmën e miellit të misrit, 30 ml/2 lugë gjelle salcë soje, verën ose sherin dhe të bardhat e vezëve dhe e formoni masën në toptha me madhësi arre. Ngroheni vajin dhe skuqeni pulën deri në kafe të artë. I kullojmë në letër kuzhine.

Ndërkohë ngrohim butësisht shurupin e lychee me lëngun dhe salcën e sojës të rezervuar. Përzieni miellin e mbetur të misrit me pak ujë, përzieni në tigan dhe gatuajeni duke e trazuar derisa salca të bëhet e qartë dhe të trashet. Shtoni lychee dhe lëreni të ziejë lehtë që të ngrohet. E vendosim pulën në një pjatë të ngrohur, e hedhim sipër lychee dhe salcën dhe e shërbejmë.

Pulë me Mangetout

Shërben 4 racione

225 g / 8 oz pulë, e prerë në feta hollë

5 ml / 1 lugë miell misri (miseshte misri)

5 ml/1 lugë çaji verë orizi ose sheri të thatë

5 ml/1 lugë vaj susami

1 e bardhe veze e rrahur lehte

45 ml / 3 lugë gjelle vaj kikiriku

1 thelpi hudhër, e shtypur

1 fetë rrënjë xhenxhefili, e prerë

100 g / 4 oz mangeout (bizele)

120 ml / 4 ml oz / ½ filxhan lëng pule

kripë dhe piper i sapo bluar

Përzieni pulën me miell misri, verë ose sheri, vaj susami dhe të bardhë veze. Ngroheni gjysmën e vajit dhe skuqni hudhrën dhe xhenxhefilin derisa të marrin ngjyrë të artë. Shtoni pulën dhe skuqeni derisa të marrë ngjyrë të artë dhe hiqeni nga tigani. Ngrohni vajin e mbetur dhe skuqni mangeout për 2 minuta. Shtoni lëngun, lëreni të vlojë, mbulojeni dhe ziejini për 2 minuta. E kthejmë pulën në tigan dhe e rregullojmë me kripë dhe piper. Gatuani butësisht derisa të nxehet.

Pulë me mango

Shërben 4 racione

100 g / 4 oz / 1 filxhan miell i thjeshtë (për të gjitha qëllimet)

250 ml / 8 ml oz / 1 filxhan ujë

2,5 ml/½ lugë e vogël kripë

majë pluhur pjekjeje

3 gjoks pule

vaj për tiganisje

1 fetë rrënjë xhenxhefili, e prerë

150 ml/¼ pt/bujare ½ filxhan lëng pule

45 ml/3 lugë gjelle uthull vere

45 ml / 3 lugë gjelle verë orizi ose sheri të thatë

20 ml/4 lugë salcë soje

10 ml / 2 lugë çaji sheqer

10 ml / 2 lugë lugë miell misri (niseshte misri)

5 ml/1 lugë vaj susami

5 qepë (qepëza), të prera në feta

400 g / 11 oz mango të konservuar, të kulluar dhe të prerë në rripa

Përzieni miellin, ujin, kripën dhe majanë. Lëreni të pushojë për 15 minuta. Hiqni dhe hidhni lëkurën dhe kockat e pulës. Pritini pulën në shirita të hollë. Përziejini këto në përzierjen e miellit. Ngroheni vajin dhe skuqeni pulën për rreth 5 minuta derisa të marrë ngjyrë kafe të artë. E heqim nga tava dhe e kullojmë në letër kuzhine. Hiqni të gjithë, përveç 15 ml/1 lugë gjelle vaj nga wok dhe skuqni xhenxhefilin derisa të skuqet lehtë. Përzieni lëngun me verë, verë ose uthull sheri, salcë soje, sheqer, miell misri dhe vaj susami. Shtoni në tigan dhe lëreni të vlojë duke e trazuar. Shtoni qiqrat dhe skuqini për 3 minuta. Shtoni pulën dhe mangon dhe gatuajeni, duke e trazuar, për 2 minuta.

Pjepër i mbushur me pulë

Shërben 4 racione

350 g/12 oz pule

6 gështenja uji

2 fiston të prerë

4 feta rrënjë xhenxhefili

5 ml/1 lugë kripë

15 ml / 1 lugë gjelle salcë soje

600 ml / 1 pt / 2½ filxhan lëng pule

8 pjepër pjepër të vegjël ose 4 të mesëm

Pritini imët pulën, gështenjat, fiston dhe xhenxhefilin dhe i hidhni kripë, salcë soje dhe lëng mishi. Prisni majat e pjeprit dhe hiqni farat. Përshtatet me skajet e sipërme. Mbushni pjeprin me përzierjen e pulës dhe vendosini në një skarë të zier me avull. Ziejini në ujë të vluar për 40 minuta derisa pula të gatuhet.

Pulë të pjekur dhe kërpudha

Shërben 4 racione

45 ml / 3 lugë gjelle vaj kikiriku

1 thelpi hudhër, e shtypur

1 qepe (krepë), e grirë

1 fetë rrënjë xhenxhefili, e prerë

225 g / 8 oz gjoks pule, të prerë në feta

225 g kërpudha butona

45 ml / 3 lugë salcë soje

15 ml / 1 lugë gjelle verë orizi ose sheri të thatë

5 ml / 1 lugë miell misri (miseshte misri)

Ngrohni vajin dhe skuqni hudhrat, qepujt dhe xhenxhefilin derisa të marrin një ngjyrë të lehtë të artë. Shtoni pulën dhe skuqeni për 5 minuta. Shtoni kërpudhat dhe skuqini për 3 minuta. Shtoni salcën e sojës, verën ose sherin dhe miellin e misrit dhe gatuajeni për rreth 5 minuta derisa pula të jetë gatuar.

Pulë me kërpudha dhe kikirikë

Shërben 4 racione

30 ml / 2 lugë gjelle vaj kikiriku
2 thelpinj hudhre, te shtypura
1 fetë rrënjë xhenxhefili, e prerë
450 g/1 lb pulë pa kocka, të prera në kubikë
225 g kërpudha butona
100 g / 4 oz fidane bambuje, të prera në shirita
1 piper jeshil i prere ne kubik
1 piper i kuq i prerë në kubikë
250 ml / 8 ml oz / 1 filxhan lëng pule
30 ml / 2 lugë gjelle verë orizi ose sheri të thatë
15 ml / 1 lugë gjelle salcë soje

15 ml / 1 lugë gjelle salcë tabasko
30 ml / 2 lugë gjelle miell misri (niseshte misri)
30 ml / 2 lugë gjelle ujë

Ngrohni vajin, hudhrën dhe xhenxhefilin derisa hudhra të skuqet lehtë. Shtoni pulën dhe skuqeni derisa të skuqet lehtë. Shtoni kërpudhat, lastarët e bambusë dhe specat dhe skuqini për 3 minuta. Shtoni lëngun, verën ose sherin, salcën e sojës dhe salcën Tabasco dhe lërini të ziejnë duke e trazuar. Mbulojeni dhe gatuajeni për rreth 10 minuta derisa pula të jetë gatuar. Përziejmë miellin e misrit dhe ujin dhe i përziejmë në salcë. Gatuani duke e trazuar derisa salca të jetë e lehtësuar dhe e trashur, duke shtuar edhe pak lëng ose ujë nëse salca është shumë e trashë.

Pulë e skuqur me kërpudha

Shërben 4 racione

6 kërpudha të thata kineze

1 gjoks pule, të prerë në feta të holla

1 fetë rrënjë xhenxhefili, e prerë

2 qepë (qepëza), të grira

15 ml / 1 lugë gjelle miell misri (niseshte misri)

15 ml / 1 lugë gjelle verë orizi ose sheri të thatë

30 ml / 2 lugë gjelle ujë

2,5 ml/½ lugë e vogël kripë

45 ml / 3 lugë gjelle vaj kikiriku

225 g / 8 oz kërpudha, të prera në feta

100 g / 4 oz lakër fasule

15 ml / 1 lugë gjelle salcë soje

5 ml/1 lugë sheqer

120 ml / 4 ml oz / ½ filxhan lëng pule

Thithni kërpudhat në ujë të nxehtë për 30 minuta dhe kullojini. Hidhni kërcellet dhe prisni majat. Vendoseni pulën në një tas. Përzieni xhenxhefilin, qepën, miellin e misrit, verën ose sherin, ujin dhe kripën, përzieni mishin e pulës dhe lëreni të zhytet për 1 orë. Ngrohni gjysmën e vajit dhe skuqni pulën derisa të skuqet lehtë, më pas hiqeni nga tigani. Ngroheni vajin e mbetur dhe kaurdisni kërpudhat e thata të freskëta dhe filizat e fasules për 3 minuta. Shtoni salcën e sojës, sheqerin dhe lëngun, lëreni të vlojë, mbulojeni dhe ziejini për 4 minuta derisa perimet të zbuten. Kthejeni pulën në tigan, përzieni mirë dhe ngroheni butësisht përpara se ta shërbeni.

Pulë e zier në avull me kërpudha

Shërben 4 racione

4 copa pule
30 ml / 2 lugë gjelle miell misri (niseshte misri)
30 ml / 2 lugë salcë soje
3 qepë (qepëza), të grira
2 feta rrënjë xhenxhefili, të prera
2,5 ml/½ lugë e vogël kripë

100 g/4oz kërpudha, të prera në feta

Pritini copat e pulës në copa 5cm/2cm dhe vendosini në një enë rezistente ndaj nxehtësisë. Përzieni miellin e misrit dhe salcën e sojës derisa të formohet një pastë, shtoni qepët e pranverës, xhenxhefilin dhe kripën dhe përzieni mirë me pulën. Përziejini butësisht kërpudhat. Vendoseni tasin në një raft në një avullore, mbulojeni dhe ziejini në ujë të vluar për rreth 35 minuta derisa pula të zbutet.

Pulë me qepë

Shërben 4 racione

60 ml / 4 lugë gjelle vaj kikiriku

2 qepë, të grira

450 g/1 lb pule, e prerë në feta

30 ml / 2 lugë gjelle verë orizi ose sheri të thatë

250 ml / 8 ml oz / 1 filxhan lëng pule

45 ml / 3 lugë salcë soje

30 ml / 2 lugë gjelle miell misri (niseshte misri)

45 ml / 3 lugë gjelle ujë

Ngrohni vajin dhe skuqni qepën derisa të marrë një ngjyrë të lehtë të artë. Shtoni pulën dhe skuqeni derisa të skuqet lehtë. Shtoni verën ose sherin, lëngun dhe salcën e sojës, lëreni të vlojë, mbulojeni dhe ziejini për 25 minuta derisa pula të zbutet. Rrihni miellin e misrit dhe ujin derisa të formohet një pastë, përzieni në tigan dhe gatuajeni, duke e trazuar, derisa salca të jetë e qartë dhe të trashet.

Pulë me portokall dhe limon

Shërben 4 racione

350g/1lb pule, e prerë në rripa

30 ml / 2 lugë gjelle vaj kikiriku

2 thelpinj hudhre, te shtypura

2 feta rrënjë xhenxhefili, të prera

lëvozhgë e grirë e ½ portokalli

lëkura e grirë e ½ limoni

45 ml / 3 lugë lëng portokalli

45 ml / 3 lugë gjelle lëng limoni

15 ml / 1 lugë gjelle salcë soje

3 qepë (qepëza), të grira

15 ml / 1 lugë gjelle miell misri (niseshte misri)

45 ml / 1 lugë gjelle ujë

Ziejeni pulën në ujë të vluar për 30 sekonda dhe kullojeni. Ngrohni vajin dhe skuqni hudhrën dhe xhenxhefilin për 30 sekonda. Shtoni lëkurën dhe lëngun e portokallit dhe limonit, salcën e sojës dhe qepën dhe skuqini për 2 minuta. Shtoni pulën dhe gatuajeni për disa minuta derisa pula të zbutet. Rrihni miellin e misrit dhe ujin derisa të formohet një pastë, përzieni në tigan dhe gatuajeni, duke e trazuar, derisa salca të trashet.

Pulë me salcë goca deti

Shërben 4 racione

30 ml / 2 lugë gjelle vaj kikiriku
1 thelpi hudhër, e shtypur
1 fetë xhenxhefil, të prerë imët
450 g/1 lb pule, e prerë në feta
250 ml / 8 ml oz / 1 filxhan lëng pule
30 ml / 2 lugë gjelle salcë deti
15 ml / 1 lugë gjelle verë orizi ose sheri
5 ml/1 lugë sheqer

Ngrohni vajin e ullirit me hudhrën dhe xhenxhefilin dhe skuqeni derisa të marrë një ngjyrë të lehtë të artë. Shtoni pulën dhe skuqeni për rreth 3 minuta derisa të skuqet lehtë. Shtoni lëngun e mishit, salcën e gocave, verën ose sherin dhe sheqerin, lërini të vlojnë duke e trazuar, mbulojeni dhe gatuajeni për rreth. 15

minuta, duke e përzier herë pas here, derisa pula të jetë gatuar. Hiqeni kapakun dhe vazhdoni të gatuani duke e trazuar për rreth 4 minuta derisa salca të pakësohet dhe të trashet.

porcione pule

Shërben 4 racione

225 g/8oz pulë

30 ml / 2 lugë gjelle verë orizi ose sheri të thatë

30 ml / 2 lugë salcë soje

letër pergamene ose letër pergamene

30 ml / 2 lugë gjelle vaj kikiriku

vaj për tiganisje

Pritini pulën në kubikë prej 5 cm/2. Bashkoni verën ose sherin dhe salcën e sojës, derdhni sipër pulës dhe përzieni mirë. Mbulojeni dhe lëreni të pushojë për 1 orë, duke e përzier herë pas here. Pritini letrën në katrorë 10cm/4 dhe lyejeni me vaj. Kullojeni mirë pulën. Vendosni një copë letër në sipërfaqen e punës me një cep përballë jush. Vendosni një copë pule në shesh pak poshtë qendrës, paloseni në këndin e poshtëm dhe paloseni përsëri për të mbyllur pulën. Palosni anët dhe më pas palosni këndin e sipërm për të siguruar paketimin. Ngroheni vajin dhe skuqni copat e pulës për rreth 5 minuta, derisa të jenë zier. Shërbehet e nxehtë në mbështjellje në mënyrë që të ftuarit të mund të hapen.

pulë kikiriku

Shërben 4 racione

225 g / 8 oz pulë, e prerë në feta hollë

1 e bardhe veze e rrahur lehte

10 ml / 2 lugë lugë miell misri (niseshte misri)

45 ml / 3 lugë gjelle vaj kikiriku

1 thelpi hudhër, e shtypur

1 fetë rrënjë xhenxhefili, e prerë

2 presh të grira

30 ml / 2 lugë salcë soje

15 ml / 1 lugë gjelle verë orizi ose sheri të thatë

100 g/4oz kikirikë të pjekur

Hidhni pulën me të bardhat e vezëve dhe miell misri derisa të lyhen mirë. Ngrohim gjysmën e vajit dhe skuqim pulën derisa të marrë ngjyrë të artë dhe e heqim nga tigani. Ngrohni vajin e mbetur dhe skuqni hudhrën dhe xhenxhefilin derisa të zbuten. Shtoni preshin dhe skuqeni derisa të marrin një ngjyrë kafe të lehtë. Përzieni salcën e sojës dhe verën ose sherin dhe gatuajeni për 3 minuta. Kthejeni pulën në tiganin me kikirikë dhe gatuajeni ngadalë derisa të nxehet.

Pulë me gjalpë kikiriku

Shërben 4 racione

4 gjoks pule të prerë në kubikë

kripë dhe piper i sapo bluar

5 ml/1 lugë çaji pluhur me pesë erëza

45 ml / 3 lugë gjelle vaj kikiriku

1 qepë e prerë në kubikë

2 karota, të prera në kubikë

1 gjethe selino, të prera në kubikë

300 ml / ½ pt / 1¼ filxhan lëng pule

10 ml / 2 lugë pure domate (pastë)

100 g / 4 oz gjalpë kikiriku

15 ml / 1 lugë gjelle salcë soje

10 ml / 2 lugë lugë miell misri (niseshte misri)

majë sheqer kaf

15 ml / 1 lugë gjelle qiqra të grira

E rregullojmë pulën me kripë, piper dhe pluhur me pesë erëza. Ngroheni vajin dhe skuqeni pulën derisa të zbutet. Hiqeni nga tigani. Shtoni perimet dhe gatuajini derisa të jenë të buta, por ende të freskëta. Lëngun e përziejmë me përbërësit e tjerë, përveç qiqrave, e përziejmë në tigan dhe e lëmë të vlojë. Kthejeni pulën në tigan dhe ngroheni duke e trazuar. Shërbejeni të spërkatur me sheqer.

Pulë me bizele

Shërben 4 racione

60 ml / 4 lugë gjelle vaj kikiriku

1 qepë e grirë

450 g/1 paund pule të prerë në kubikë

kripë dhe piper i sapo bluar

100 g bizele

2 bishta selino, të grira

100 g/4oz kërpudha, të copëtuara

250 ml / 8 ml oz / 1 filxhan lëng pule

15 ml / 1 lugë gjelle miell misri (niseshte misri)

15 ml / 1 lugë gjelle salcë soje

60 ml / 4 lugë gjelle ujë

Ngrohni vajin dhe skuqni qepën derisa të marrë një ngjyrë të lehtë të artë. Shtoni pulën dhe skuqeni deri në kafe të artë. I rregullojmë me kripë dhe piper dhe i shtojmë bizelet, selinon dhe kërpudhat dhe i trazojmë mirë. Shtoni lëngun, lëreni të vlojë, mbulojeni dhe gatuajeni për 15 minuta. Rrihni miellin e misrit, salcën e sojës dhe ujin derisa të formohet një pastë, përzieni në tigan dhe gatuajeni, duke e trazuar, derisa salca të jetë e qartë dhe të trashet.

Pulë e Pekinit

Shërben 4 racione

4 porcione pule
kripë dhe piper i sapo bluar
5 ml/1 lugë sheqer
1 qepe (krepë), e grirë
1 fetë rrënjë xhenxhefili, e prerë
15 ml / 1 lugë gjelle salcë soje
15 ml / 1 lugë gjelle verë orizi ose sheri të thatë
15 ml / 1 lugë gjelle miell misri (niseshte misri)
vaj për tiganisje

Vendosni pjesët e pulës në një tas të cekët dhe spërkatni me kripë dhe piper. Përzieni sheqerin, qiqrat, xhenxhefilin, salcën e sojës dhe verën ose sherin, fërkojeni në pulë, mbulojeni dhe marinoni për 3 orë. Kullojeni pulën dhe spërkateni me miell misri. Ngrohni vajin dhe skuqeni pulën derisa të marrë ngjyrë kafe të artë dhe të gatuhet. Kullojini mirë përpara se ta shërbeni.

Piper pule

Shërben 4 racione

60 ml / 4 lugë salcë soje

45 ml / 3 lugë gjelle verë orizi ose sheri të thatë

45 ml / 3 lugë miell misri (niseshte misri)

450 g/1 lb pulë, e grirë (i bluar)

60 ml / 4 lugë gjelle vaj kikiriku

2,5 ml/½ lugë e vogël kripë

2 thelpinj hudhre, te shtypura

2 speca të kuq të prerë në kubikë

1 piper jeshil i prere ne kubik

5 ml/1 lugë sheqer

300 ml / ½ pt / 1¼ filxhan lëng pule

Hidhni gjysmën e salcës së sojës, gjysmën e verës ose sherit dhe gjysmën e miellit të misrit, hidhni sipër pulës, përzieni mirë dhe marinojini për të paktën 1 orë. Ngrohim gjysmën e vajit të ullirit me kripë dhe hudhër derisa hudhra të skuqet lehtë. Shtojmë pulën dhe marinadën dhe kaurdisim për rreth 4 minuta derisa pula të zbardhet dhe e heqim nga tigani. Shtoni vajin e mbetur në tigan dhe skuqni specat për 2 minuta. Shtoni sheqerin në tigan me salcën e mbetur të sojës, verën ose sherin dhe miellin e misrit dhe përziejini mirë. Shtoni lëngun, lëreni të ziejë dhe gatuajeni, duke e trazuar, derisa salca të trashet. Kthejeni pulën në tigan, mbulojeni dhe gatuajeni për 4 minuta derisa pula të jetë gatuar.

Pulë e skuqur me piper

Shërben 4 racione

1 gjoks pule, të prerë në feta të holla

2 feta rrënjë xhenxhefili, të prera

2 qepë (qepëza), të grira

15 ml / 1 lugë gjelle miell misri (niseshte misri)

30 ml / 2 lugë gjelle verë orizi ose sheri të thatë

30 ml / 2 lugë gjelle ujë

2,5 ml/½ lugë e vogël kripë

45 ml / 3 lugë gjelle vaj kikiriku

100 g / 4 oz gështenja uji, të prera në feta

1 spec i kuq, i prere ne rripa

1 spec jeshil, i prere ne rripa

1 spec të verdhë, të prerë në rripa

30 ml / 2 lugë salcë soje

120 ml / 4 ml oz / ½ filxhan lëng pule

Vendoseni pulën në një tas. Përzieni xhenxhefilin, qepën, miellin e misrit, verën ose sherin, ujin dhe kripën, përzieni mishin e pulës dhe lëreni të zhytet për 1 orë. Ngrohni gjysmën e vajit dhe skuqni pulën derisa të skuqet lehtë, më pas hiqeni nga tigani. Ngrohni vajin e mbetur dhe skuqni gështenjat e ujit dhe specat për 2 minuta. Shtoni salcën e sojës dhe lëngun, lëreni të vlojë, mbulojeni dhe ziejini për 5 minuta derisa perimet të zbuten. Kthejeni pulën në tigan, përzieni mirë dhe ngroheni butësisht përpara se ta shërbeni.

pule dhe ananasi

Shërben 4 racione

30 ml / 2 lugë gjelle vaj kikiriku

5 ml/1 lugë kripë

2 thelpinj hudhre, te shtypura

450 g/1 lb pulë pa kocka, e prerë në feta hollë

2 qepë, të prera në feta

100 g / 4 oz gështenja uji, të prera në feta

100 g / 4 oz copa ananasi

30 ml / 2 lugë gjelle verë orizi ose sheri të thatë

450 ml / ¾ pt / 2 gota lëng pule

5 ml/1 lugë sheqer

piper i sapo bluar

30 ml / 2 lugë gjelle lëng ananasi

30 ml / 2 lugë salcë soje

30 ml / 2 lugë gjelle miell misri (niseshte misri)

Ngroheni vajin, kripën dhe hudhrën derisa hudhra të skuqet lehtë. Shtoni pulën dhe skuqeni për 2 minuta. Shtoni qepën, gështenjat me ujë dhe ananasin dhe skuqini për 2 minuta. Shtoni verën ose sheri, lëngun dhe sheqerin dhe rregulloni me piper. Lëreni të vlojë, mbulojeni dhe gatuajeni për 5 minuta. Përzieni lëngun e ananasit, salcën e sojës dhe miellin e misrit, përzieni në tigan dhe gatuajeni, duke e trazuar, derisa salca të trashet dhe të pastrohet.

Pulë me ananas dhe lychee

Shërben 4 racione

30 ml / 2 lugë gjelle vaj kikiriku

225 g / 8 oz pulë, e prerë në feta hollë

1 fetë rrënjë xhenxhefili, e prerë

15 ml / 1 lugë gjelle salcë soje

15 ml / 1 lugë gjelle verë orizi ose sheri të thatë

200 g / 7 oz kanaçe me copa ananasi

200 g / 7oz kallaj me lyche në shurup

15 ml / 1 lugë gjelle miell misri (niseshte misri)

Ngroheni vajin dhe skuqeni pulën derisa të skuqet lehtë. Shtoni salcën e sojës dhe verën ose sherin dhe përzieni mirë. Matni 8 ml oz / 250 ml / 1 filxhan përzierje ananasi-lychee dhe rezervoni 30 ml / 2 lugë gjelle. Shtoni pjesën tjetër në tigan, lëreni të vlojë dhe gatuajeni për disa minuta derisa pula të zbutet. Shtoni copa ananasi dhe lychee. Përzieni miellin e misrit me shurupin e rezervuar, përzieni në tigan dhe gatuajeni duke e trazuar derisa salca të bëhet e qartë dhe të trashet.

pule me mish derri

Shërben 4 racione
1 gjoks pule, të prerë në feta të holla
100g/4oz mish derri pa dhjamë, i prerë në feta hollë
60 ml / 4 lugë salcë soje
15 ml / 1 lugë gjelle miell misri (niseshte misri)
1 e bardhe veze
45 ml / 3 lugë gjelle vaj kikiriku
3 feta rrënjë xhenxhefili, të prera
50 g / 2 oz fidane bambuje, të prera në feta
225 g / 8 oz kërpudha, të prera në feta
225 g / 8 oz gjethe kineze, të copëtuara
120 ml / 4 ml oz / ½ filxhan lëng pule
30 ml / 2 lugë gjelle ujë

Përzieni mishin e pulës dhe derrit. Kombinoni salcën e sojës, 5 ml/1 lugë miell misri dhe të bardhën e vezës dhe përzieni në mish pule dhe derri. Lëreni të pushojë për 30 minuta. Ngrohni gjysmën e vajit dhe skuqni pulën dhe mishin e derrit derisa të marrin një ngjyrë kafe të lehtë, më pas hiqeni nga tigani. Ngrohni vajin e mbetur dhe skuqni xhenxhefilin, lastarët e bambusë, kërpudhat dhe gjethet kineze derisa të lyhen mirë me vaj. Shtoni lëngun dhe lëreni të ziejë. Kthejeni përzierjen e pulës në tigan, mbulojeni dhe gatuajeni për rreth 3 minuta derisa mishi të zbutet. Përzieni miellin e mbetur të misrit në një pastë me ujin, përzieni në salcë dhe gatuajeni, duke e trazuar, derisa salca të trashet. Shërbejeni menjëherë.

Pulë e skuqur me patate

Shërben 4 racione

4 copa pule

45 ml / 3 lugë gjelle vaj kikiriku

1 qepë, e prerë në feta

1 thelpi hudhër, e shtypur

2 feta rrënjë xhenxhefili, të prera

450 ml / ¾ pt / 2 gota ujë

45 ml / 3 lugë salcë soje

15 ml / 1 lugë gjelle sheqer kaf

2 patate të prera në kubikë

Pritini pulën në copa 5cm/2cm. Ngrohni vajin dhe skuqni qepën, hudhrën dhe xhenxhefilin derisa të marrin një ngjyrë të lehtë të artë. Shtoni pulën dhe skuqeni derisa të skuqet lehtë. Shtoni ujin dhe salcën e sojës dhe lërini të vlojnë. Shtoni sheqerin, mbulojeni dhe gatuajeni për rreth 30 minuta. Shtoni patatet në tigan, mbulojeni dhe ziejini për 10 minuta të tjera derisa pula të zbutet dhe patatet të jenë gatuar.

Pesë pule me erëza me patate

Shërben 4 racione

45 ml / 3 lugë gjelle vaj kikiriku
450 g/1 lb pule, e prerë në copa
kripë
45 ml / 3 lugë pastë fasule të verdhë
45 ml / 3 lugë salcë soje
5 ml/1 lugë sheqer
5 ml/1 lugë çaji pluhur me pesë erëza
1 patate në kubikë
450 ml / ¾ pt / 2 gota lëng pule

Ngroheni vajin dhe skuqeni pulën derisa të skuqet lehtë. Spërkateni me kripë, më pas përzieni pastën e fasules, salcën e sojës, sheqerin dhe pluhurin me pesë erëza dhe përzieni për 1 minutë. Shtoni pataten dhe përzieni mirë, më pas shtoni lëngun, lëreni të vlojë, mbulojeni dhe ziejini për rreth 30 minuta derisa të zbuten.

Pulë e kuqe e zier

Shërben 4 racione

450 g/1 lb pule, e prerë në feta

120 ml / 4 ml oz / ½ filxhan salcë soje

15 ml / 1 lugë gjelle sheqer

2 feta rrënjë xhenxhefili, të prera imët

90 ml / 6 lugë supë pule

30 ml / 2 lugë gjelle verë orizi ose sheri të thatë

4 qepë (qepëza), të prera në feta

Hidhini të gjithë përbërësit në një tenxhere dhe lërini të vlojnë. Mbulojeni dhe gatuajeni për rreth 15 minuta derisa pula të jetë gatuar. Hiqeni kapakun dhe vazhdoni zierjen për rreth 5 minuta duke e përzier herë pas here derisa salca të trashet. Shërbejeni të spërkatur me qiqra.

qofte pule

Shërben 4 racione

225 g / 8 oz mish pule, i grirë (i bluar)

3 gështenja uji, të grira

1 qepe (krepë), e grirë

1 fetë rrënjë xhenxhefili, e prerë

2 te bardha veze

5 ml / 2 lugë çaji kripë

5 ml/1 lugë çaji piper i sapo bluar

120 ml / 4 ml oz / ½ filxhan vaj kikiriku

5 ml/1 lugë proshutë e grirë

Përzieni pulën, gështenjat, gjysmën e qepujve, xhenxhefilin, të bardhat e vezëve, kripën dhe piperin. Formoni topa të vegjël dhe shtypni mirë. Ngroheni vajin dhe skuqni qoftet derisa të marrin ngjyrë kafe të artë duke i kthyer një herë. Shërbejeni të spërkatur me qiqrat e mbetura dhe proshutën.

Pulë e kripur

Shërben 4 racione

30 ml / 2 lugë gjelle vaj kikiriku

4 copa pule

3 qepë (qepëza), të grira

2 thelpinj hudhre, te shtypura

1 fetë rrënjë xhenxhefili, e prerë

120 ml / 4 ml oz / ½ filxhan salcë soje

30 ml / 2 lugë gjelle verë orizi ose sheri të thatë

30 ml / 2 lugë sheqer kaf

5 ml/1 lugë kripë

375 ml / 13 ml oz / 1½ filxhan ujë

15 ml / 1 lugë gjelle miell misri (niseshte misri)

Ngroheni vajin dhe skuqni copat e pulës deri në kafe të artë. Shtoni qepujt, hudhrën dhe xhenxhefilin dhe gatuajeni për 2 minuta. Shtoni salcën e sojës, verën ose sherin, sheqerin dhe kripën dhe përzieni mirë. Shtoni ujin dhe lëreni të vlojë, mbulojeni dhe ziejini për 40 minuta. Përziejmë miellin e misrit me pak ujë, e përziejmë në salcë dhe e kaurdisim duke e trazuar derisa salca të lehtësohet dhe të trashet.

Pulë në vaj susami

Shërben 4 racione

90 ml / 6 lugë gjelle vaj kikiriku

60 ml/4 lugë gjelle vaj susami

5 feta rrënjë xhenxhefili

4 copa pule

600 ml / 1 pt / 2½ filxhan verë orizi ose sheri të thatë

5 ml/1 lugë sheqer

kripë dhe piper i sapo bluar

Ngrohni vajrat dhe skuqni xhenxhefilin dhe pulën derisa të skuqen lehtë. Shtoni verën ose sherin dhe rregulloni me sheqer, kripë dhe piper. Lëreni të ziejë dhe gatuajeni ngadalë, pa mbuluar, derisa pula të zbutet dhe salca të jetë pakësuar. Shërbejeni në tasa.

Pulë sheri

Shërben 4 racione

30 ml / 2 lugë gjelle vaj kikiriku

4 copa pule

120 ml / 4 ml oz / ½ filxhan salcë soje

500 ml / 17 ml oz / 2 ¼ gota verë orizi ose sheri të thatë

30 ml / 2 lugë gjelle sheqer

5 ml/1 lugë kripë

2 thelpinj hudhre, te shtypura

1 fetë rrënjë xhenxhefili, e prerë

Ngroheni vajin dhe skuqni pulën deri në kafe të artë nga të gjitha anët. Kulloni vajin e tepërt dhe shtoni të gjithë përbërësit e mbetur. Lëreni të vlojë, mbulojeni dhe ziejini në zjarr të fortë për 25 minuta. Ulni zjarrin dhe gatuajeni edhe për 15 minuta të tjera, derisa pula të jetë gatuar dhe salca të jetë pakësuar.

Pulë me salcë soje

Shërben 4 racione

350 g/12oz pulë të prerë në kubikë

2 qepë (qepëza), të grira

3 feta rrënjë xhenxhefili, të prera

15 ml / 1 lugë gjelle miell misri (niseshte misri)

30 ml / 2 lugë gjelle verë orizi ose sheri të thatë

30 ml / 2 lugë gjelle ujë

45 ml / 3 lugë gjelle vaj kikiriku

60 ml / 4 lugë gjelle salcë soje e trashë

5 ml/1 lugë sheqer

Përzieni mishin e pulës, qepën, xhenxhefilin, miellin e misrit, verën ose sherin dhe ujin dhe lëreni për 30 minuta, duke i përzier herë pas here. Ngroheni vajin dhe skuqeni pulën për rreth 3 minuta derisa të skuqet lehtë. Shtoni salcën e sojës dhe sheqerin dhe skuqeni për rreth 1 minutë, derisa pula të jetë gatuar dhe e butë.

Pulë e skuqur pikante

Shërben 4 racione

150 ml / ¼ pt / bujare ½ filxhan salcë soje

2 thelpinj hudhre, te shtypura

50 g / 2 oz / ¼ filxhan sheqer kaf

1 qepë, e grirë hollë

30 ml / 2 lugë gjelle pure domate (pastë)

1 fetë limoni, e prerë

1 fetë rrënjë xhenxhefili, e prerë

45 ml / 3 lugë gjelle verë orizi ose sheri të thatë

4 copa të mëdha pule

Përziejini të gjithë përbërësit përveç pulës. Vendoseni pulën në një enë rezistente ndaj furrës, hidheni mbi masën, mbulojeni dhe marinoni gjatë gjithë natës, duke e larë herë pas here. Piqeni pulën në një furrë të parangrohur në 180°C/350°F/gaz 4 për 40 minuta, duke e kthyer dhe pjekur herë pas here. Hiqeni kapakun, rrisni temperaturën e furrës në 200°C/400°F/gaz shenjën 6 dhe vazhdoni të piqni edhe për 15 minuta të tjera derisa pula të piqet.

pule me spinaq

Shërben 4 racione

100 g/4oz pulë, e grirë

15 ml / 1 lugë gjelle yndyrë proshutë, e copëtuar

175 ml / 6 ml oz / ¾ filxhan lëng pule

3 të bardha veze të rrahura lehtë

kripë

5 ml/1 lugë çaji ujë

450 g/1 lb spinaq, i grirë imët

5 ml / 1 lugë miell misri (miseshte misri)

45 ml / 3 lugë gjelle vaj kikiriku

Kombinoni pulën, yndyrën e proshutës, 150 ml/¼ pt/bujare ½ filxhan lëng pule, të bardhat e vezëve, 5 ml/1 lugë kripë dhe ujë. Përzieni spinaqin me lëngun e mbetur, pak kripë dhe miellin e misrit të përzier me pak ujë. Ngroheni gjysmën e vajit, shtoni përzierjen e spinaqit në tigan dhe përzieni vazhdimisht në zjarr të ulët derisa të nxehet. Transferoni në një pjatë të ngrohtë për servirje dhe mbajeni të ngrohtë. Ngrohni vajin e mbetur dhe skuqni lugët e përzierjes së pulës derisa të jetë e fortë dhe e bardhë. Shtoni spinaqin dhe shërbejeni menjëherë.

pule rolls pranverë

Shërben 4 racione

15 ml / 1 lugë gjelle vaj kikiriku

majë kripë

1 thelpi hudhër, e shtypur

225 g / 8 oz pulë, të prerë në rripa

100 g/4oz kërpudha, të prera në feta

175 g / 6 oz lakër, të copëtuar

100 g / 4 oz fidane bambuje, të copëtuara

50 g / 2 oz gështenja uji, të grira

100 g / 4 oz lakër fasule

5 ml/1 lugë sheqer

5 ml/1 lugë çaji verë orizi ose sheri të thatë

5 ml/1 lugë salcë soje

8 lëkura të rrotullave të pranverës

vaj për tiganisje

Ngrohni vajin, kripën dhe hudhrën dhe skuqeni butësisht derisa hudhra të fillojë të skuqet. Shtojmë pulën dhe kërpudhat dhe kaurdisim për disa minuta derisa pula të zbardhet. Shtoni lakrën, lastarët e bambusë, gështenjat e ujit dhe filizat e fasules dhe skuqini për 3 minuta. Shtoni sheqerin, verën ose sherin dhe salcën e sojës, përzieni mirë, mbulojeni dhe ziejini për 2 minutat e fundit. Kthejeni në një kullesë dhe lëreni të kullojë.

Vendosni disa lugë nga përzierja e mbushjes në qendër të çdo lëkure sprinroll, palosni në fund, palosni në anët dhe rrotulloni së bashku, duke mbyllur mbushjen. Mbyllni buzën me pak përzierje mielli dhe uji dhe lëreni të thahet për 30 minuta. Ngrohni vajin dhe skuqni rrotullat e pranverës për rreth 10 minuta derisa të bëhen krokante dhe të marrin ngjyrë të artë. Kullojini mirë përpara se ta shërbeni.

Mish derri i pjekur me erëza

Shërben 4 racione

450 g/1 lb mish derri, i prerë në kubikë

kripë dhe piper

30 ml / 2 lugë salcë soje

30 ml/2 lugë gjelle salcë hoisin

45 ml / 3 lugë gjelle vaj kikiriku

120 ml / 4 ml oz / ½ filxhan verë orizi ose sheri të thatë

300 ml / ½ pt / 1¼ filxhan lëng pule

5 ml/1 lugë çaji pluhur me pesë erëza

6 qepë (qepëza), të grira

225 g / 8 oz kërpudha deti, të prera në feta

15 ml / 1 lugë gjelle miell misri (niseshte misri)

E rregullojmë mishin me kripë dhe piper. Vendoseni në një pjatë dhe përzieni me salcën e sojës dhe salcën hoisin. Mbulojeni dhe lëreni të marinohet për 1 orë. Ngroheni vajin dhe skuqeni mishin deri në kafe të artë. Shtoni verën ose sherin, lëngun e mishit dhe pluhurin me 5 erëza, lërini të vlojnë, mbulojeni dhe zieni për 1 orë. Shtoni qepujt dhe kërpudhat, hiqni kapakun dhe gatuajeni edhe për 4 minuta të tjera. Përzieni miellin e misrit me pak ujë, kthejeni në zjarr dhe gatuajeni duke e trazuar për 3 minuta derisa salca të trashet.

simite derri të ziera në avull

12 vjet më parë

30 ml/2 lugë gjelle salcë hoisin

15 ml / 1 lugë gjelle salcë deti

15 ml / 1 lugë gjelle salcë soje

2,5 ml/½ lugë vaj susami

30 ml / 2 lugë gjelle vaj kikiriku

10 ml / 2 lugë gjelle rrënjë xhenxhefili të grirë

1 thelpi hudhër, e shtypur

300 ml / ½ pt / 1 ¼ filxhan ujë

15 ml / 1 lugë gjelle miell misri (niseshte misri)

225 g / 8 oz mish derri të gatuar, i grirë imët

4 qepë (qepëza), të grira hollë

350 g / 12 oz / 3 gota miell të thjeshtë (për të gjitha qëllimet)

15 ml / 1 lugë gjelle pluhur pjekjeje

2,5 ml/½ lugë e vogël kripë

50 g/2 oz/½ filxhan sallo

5 ml/1 lugë uthull vere

12 x 13 cm / 5 në katrorë letër pergamene

Hidhni hoisin, gocë deti dhe salcën e sojës dhe vajin e susamit, ngrohni vajin dhe skuqni xhenxhefilin dhe hudhrën derisa të marrin ngjyrë të lehtë të artë. Shtoni përzierjen e salcës dhe gatuajeni për 2 minuta. Përzieni 120 ml/4 ml oz/½ filxhan ujë me miell misri dhe përzieni në tigan. Lëreni të vlojë duke e trazuar dhe më pas gatuajeni derisa masa të trashet. Shtoni mishin e derrit dhe qepën dhe lëreni të ftohet.

Përzieni miellin, pluhurin për pjekje dhe kripën. Fërkojeni me sallo derisa përzierja të ngjajë me thërrime të imta. Rrihni së bashku uthullën e verës dhe ujin e mbetur, më pas përzieni në miell për të formuar një brumë të fortë. Ziejini lehtë në një sipërfaqe të lyer me miell, mbulojeni dhe lëreni të pushojë për 20 minuta.

Ziejeni përsëri brumin, ndajeni në 12 dhe formoni secilin në një top. Rrotulloni në një sipërfaqe të lyer me miell deri në 15 cm/6 në rrathë. Vendosni lugë nga mbushja në qendër të çdo rrethi, lyeni skajet me ujë dhe ngjitni skajet së bashku për të mbyllur rreth mbushjes. Lyejeni njërën anë të çdo katrori të letrës së pjekjes me vaj. Vendoseni çdo bukë në një katror letre, me anën e qepjes poshtë. Vendosini simitet në një shtresë të vetme në një raft me avull mbi ujë të vluar. Mbuloni simitet dhe ziejini në avull për rreth 20 minuta derisa të gatuhen.

mish derri me lakër

Shërben 4 racione

6 kërpudha të thata kineze

30 ml / 2 lugë gjelle vaj kikiriku

450 g/1 lb mish derri, i prerë në rripa

2 qepë, të prera në feta

2 speca të kuq të prerë në rripa

350 g / 12 oz lakër të bardhë, të copëtuar

2 thelpinj hudhre, te grira

2 copa kërcell xhenxhefili të grirë

30 ml/2 lugë mjaltë

45 ml / 3 lugë salcë soje

120 ml / 4 ml oz / ½ filxhan verë të bardhë të thatë

kripë dhe piper

10 ml / 2 lugë lugë miell misri (niseshte misri)

15 ml / 1 lugë gjelle ujë

Thithni kërpudhat në ujë të nxehtë për 30 minuta dhe kullojini. Hidhni kërcellet dhe prisni majat. Ngrohni vajin dhe skuqni mishin e derrit derisa të skuqet lehtë. Shtoni perimet, hudhrën dhe xhenxhefilin dhe skuqini për 1 minutë. Shtoni mjaltin, salcën e sojës dhe verën, lërini të vlojnë, mbulojeni dhe ziejini për 40 minuta derisa mishi të jetë gatuar. I rregullojmë sipas shijes me kripë dhe piper. Bashkoni miellin e misrit dhe ujin dhe përzieni në tigan. Lëreni të vlojë duke e përzier vazhdimisht dhe më pas gatuajeni për 1 minutë.

Mish derri me lakër dhe domate

Shërben 4 racione

30 ml / 2 lugë gjelle vaj kikiriku

450 g/1 lb mish derri pa dhjamë, i prerë në feta

kripë dhe piper i sapo bluar

1 thelpi hudhër, e shtypur

1 qepë, e grirë hollë

½ lakër, e copëtuar

450 g/1 lb domate, të qëruara dhe të prera në katër pjesë

250 ml / 8 ml oz / 1 filxhan lëng mishi

30 ml / 2 lugë gjelle miell misri (niseshte misri)

15 ml / 1 lugë gjelle salcë soje

60 ml / 4 lugë gjelle ujë

Ngroheni vajin dhe skuqni mishin e derrit, kripën, piperin, hudhrën dhe qepën derisa të skuqen lehtë. Shtoni lakrën, domatet dhe lëngun, lërini të ziejnë, mbulojeni dhe ziejini për 10 minuta derisa lakra të zbutet. Rrihni miellin e misrit, salcën e sojës dhe ujin derisa të formohet një pastë, përzieni në tigan dhe gatuajeni, duke e trazuar, derisa salca të jetë e qartë dhe të trashet.

Mish derri i marinuar me lakër

Shërben 4 racione

350 g / 12 oz bark derri

2 qepë (qepëza), të grira

1 fetë rrënjë xhenxhefili, e prerë

1 shkop kanelle

3 karafil anise

45 ml / 3 lugë gjelle sheqer kaf

600 ml / 1 pt / 2½ gota ujë

15 ml / 1 lugë gjelle vaj kikiriku

15 ml / 1 lugë gjelle salcë soje

5 ml/1 lugë pure domate (pastë)

5 ml/1 lugë gjelle salcë goca deti

100 g / 4 oz zemrat e lakrës kineze

100g / 4oz pak choi

Pritini mishin e derrit në copa 10cm/4cm dhe vendoseni në një tas. Shtoni qiqrat, xhenxhefilin, kanellën, aniseun, sheqerin dhe ujin dhe lëreni për 40 minuta. Ngrohni vajin, hiqni mishin e derrit nga marinada dhe vendoseni në tigan. Skuqini derisa të skuqen lehtë, më pas shtoni salcën e sojës, pastën e domates dhe salcën e gocave. Lëreni të ziejë dhe gatuajeni për rreth 30 minuta derisa mishi i derrit të zbutet dhe lëngu të jetë pakësuar, duke shtuar pak më shumë ujë sipas nevojës gjatë gatimit.

Ndërkohë, ziejini në avull zemrat e lakrës dhe pak choi në ujë të vluar për rreth 10 minuta derisa të zbuten. I vendosim në një pjatë të ngrohtë, i hedhim sipër mishin e derrit dhe i lyejmë me salcë.

Mish derri me selino

Shërben 4 racione

45 ml / 3 lugë gjelle vaj kikiriku

1 thelpi hudhër, e shtypur

1 qepe (krepë), e grirë

1 fetë rrënjë xhenxhefili, e prerë

225 g / 8 oz mish derri pa dhjamë, i prerë në rripa

100 g selino të prera hollë

45 ml / 3 lugë salcë soje

15 ml / 1 lugë gjelle verë orizi ose sheri të thatë

5 ml / 1 lugë miell misri (miseshte misri)

Ngrohni vajin dhe skuqni hudhrat, qepujt dhe xhenxhefilin derisa të marrin një ngjyrë të lehtë të artë. Shtoni mishin e derrit dhe gatuajeni për 10 minuta deri në kafe të artë. Shtoni selinon dhe skuqeni për 3 minuta. Shtoni përbërësit e tjerë dhe ziejini për 3 minuta.

Mish derri me gështenja dhe kërpudha

Shërben 4 racione

4 kërpudha të thata kineze

100 g / 4 oz / 1 filxhan gështenja

30 ml / 2 lugë gjelle vaj kikiriku

2,5 ml/½ lugë e vogël kripë

450 g/1 lb mish derri pa dhjamë, i prerë në kubikë

15 ml / 1 lugë gjelle salcë soje

375 ml / 13 ml oz / 1½ dl lëng pule

100 g / 4 oz gështenja uji, të prera në feta

Thithni kërpudhat në ujë të nxehtë për 30 minuta dhe kullojini. Hidhni kërcellet dhe prisni pjesën e sipërme në gjysmë. Zbardhni gështenjat në ujë të vluar për 1 minutë dhe kullojini. Ngroheni vajin dhe kripën dhe skuqni mishin e derrit derisa të skuqet lehtë. Shtoni salcën e sojës dhe skuqeni për 1 minutë. Shtoni lëngun dhe lëreni të ziejë. Shtoni gështenjat dhe gështenjat e ujit, lërini të ziejnë përsëri, mbulojeni dhe ziejini për rreth. 1 1/2 orë, derisa mishi të zbutet.

Presja e derrit

Shërben 4 racione

100 g / 4 oz fidane bambuje, të prera në shirita

100 g / 4 oz gështenja uji, të prera hollë

60 ml / 4 lugë gjelle vaj kikiriku

3 qepë (qepëza), të grira

2 thelpinj hudhre, te shtypura

1 fetë rrënjë xhenxhefili, e prerë

225 g / 8 oz mish derri pa dhjamë, i prerë në rripa

45 ml / 3 lugë salcë soje

15 ml / 1 lugë gjelle verë orizi ose sheri të thatë

5 ml/1 lugë kripë

5 ml/1 lugë sheqer

piper i sapo bluar

15 ml / 1 lugë gjelle miell misri (niseshte misri)

Zbardhni filizat e bambusë dhe ujin gështenjat në ujë të vluar për 2 minuta, më pas kullojini dhe thajini. Ngrohni 45 ml / 3 lugë vaj dhe skuqni qepujt, hudhrën dhe xhenxhefilin derisa të marrin një ngjyrë të lehtë të artë. Shtoni mishin e derrit dhe skuqeni për 4 minuta. Hiqeni nga tigani.

Ngrohni vajin e mbetur dhe skuqni perimet për 3 minuta. Shtoni mishin e derrit, salcën e sojës, verën ose sherin, kripën, sheqerin dhe një majë piper dhe skuqini për 4 minuta. Përziejmë miellin e misrit me pak ujë, e përziejmë në tigan dhe e kaurdisim duke e trazuar derisa salca të bëhet e qartë dhe të trashet.

yakisoba derri

Shërben 4 racione

4 kërpudha të thata kineze

30 ml / 2 lugë gjelle vaj kikiriku

2,5 ml/½ lugë e vogël kripë

4 qepë (qepë), të grira

225 g / 8 oz mish derri pa dhjamë, i prerë në rripa

15 ml / 1 lugë gjelle salcë soje

5 ml/1 lugë sheqer

3 bishta selino, të grira

1 qepë e prerë në kubikë

100 g/4oz kërpudha, të përgjysmuara

120 ml / 4 ml oz / ½ filxhan lëng pule

petë të buta të skuqura

Thithni kërpudhat në ujë të nxehtë për 30 minuta dhe kullojini. Hidhni kërcellet dhe prisni majat. Ngroheni vajin dhe kripën dhe skuqni qepët derisa të zbuten. Shtoni mishin e derrit dhe gatuajeni derisa të skuqet lehtë. Përzieni salcën e sojës, sheqerin, selinon, qepën dhe kërpudhat e freskëta dhe të thata dhe skuqini për rreth 4 minuta derisa përbërësit të jenë përzier mirë. Shtoni lëngun dhe gatuajeni për 3 minuta. Shtoni gjysmën e petëve në tigan dhe përzieni butësisht, më pas shtoni petët e mbetura dhe përzieni derisa të nxehen.

Mish derri i pjekur

Shërben 4 racione

100 g / 4 oz lakër fasule

45 ml / 3 lugë gjelle vaj kikiriku

100 g / 4 oz lakër kineze, të copëtuar

225 g / 8 oz mish derri i pjekur, i prerë në feta

5 ml/1 lugë kripë

15 ml / 1 lugë gjelle verë orizi ose sheri të thatë

Zbardhni filizat e fasules në ujë të vluar për 4 minuta dhe kullojini. Ngroheni vajin dhe skuqni filizat e fasules dhe lakrën derisa të zbuten. Shtoni mishin e derrit, kripën dhe sherin dhe gatuajeni derisa të nxehet. Shtoni gjysmën e makaronave të kulluara në tigan dhe përzieni butësisht derisa të nxehen. Shtoni petët e mbetura dhe përziejini derisa të nxehen.

Mish derri me chutney

Shërben 4 racione

5 ml/1 lugë çaji pluhur me pesë erëza
5 ml/1 lugë gjelle pluhur kerri
450 g/1 lb mish derri, i prerë në rripa
30 ml / 2 lugë gjelle vaj kikiriku
6 qepë (qepëza), të prera në rripa
1 gjethe selino, e prerë në rripa
100 g / 4 oz lakër fasule
1 x kavanoz me turshi të ëmbla kineze 200g/7oz, të prera në kubikë
45 ml/3 lugë çatni mango
30 ml / 2 lugë salcë soje
30 ml / 2 lugë gjelle pure domate (pastë)
150 ml/¼ pt/bujare ½ filxhan lëng pule
10 ml / 2 lugë lugë miell misri (niseshte misri)

Fërkoni erëzat mirë në mishin e derrit. Ngroheni vajin dhe skuqeni mishin për 8 minuta ose derisa të jetë gatuar. Hiqeni nga tigani. Shtoni perimet në tigan dhe skuqini për 5 minuta. Kthejeni mishin e derrit në tenxhere me të gjithë përbërësit e mbetur përveç miellit të misrit. Përziejini derisa të nxehet. Përzieni miellin e misrit me pak ujë, përzieni në tigan dhe gatuajeni duke e trazuar derisa salca të trashet.

Mish derri me kastravec

Shërben 4 racione

225 g / 8 oz mish derri pa dhjamë, i prerë në rripa
30 ml / 2 lugë gjelle miell i thjeshtë (për të gjitha qëllimet)
kripë dhe piper i sapo bluar
60 ml / 4 lugë gjelle vaj kikiriku
225 g / 8 oz kastravec, i qëruar dhe i prerë në feta
30 ml / 2 lugë salcë soje

Lyejeni mishin e derrit në miell dhe rregulloni me kripë dhe piper. Ngrohni vajin dhe skuqni mishin e derrit për rreth 5 minuta, derisa të jetë gatuar. Shtoni kastravecin dhe salcën e sojës dhe ziejini për 4 minuta të tjera. Kontrolloni dhe rregulloni erëzat dhe shërbejeni me oriz të skuqur.

Pako krokante derri

Shërben 4 racione

4 kërpudha të thata kineze
30 ml / 2 lugë gjelle vaj kikiriku
225 g / 8 oz mish derri, i grirë (i bluar)
50 g / 2 oz karkaleca të qëruara, të copëtuara
15 ml / 1 lugë gjelle salcë soje
15 ml / 1 lugë gjelle miell misri (niseshte misri)
30 ml / 2 lugë gjelle ujë
8 pako me rrotulla
100 g / 4 oz / 1 filxhan miell misri (miseshte misri)
vaj për tiganisje

Thithni kërpudhat në ujë të nxehtë për 30 minuta dhe kullojini. Hidhni kërcellet dhe copëtoni imët kapakët. Ngroheni vajin dhe skuqni kërpudhat, mishin e derrit, karkalecat dhe salcën e sojës për 2 minuta. Përzieni miellin e misrit dhe ujin derisa të formohet një pastë dhe përzieni masën për të bërë mbushjen.

Pritini mbështjellësit në shirita, vendosni pak mbushje në majë të secilit dhe rrotulloni në trekëndësha, mbyllni me pak nga përzierja e miellit dhe ujit. Spërkateni me bollëk me miell misri. Ngrohni vajin dhe skuqni trekëndëshat derisa të bëhen krokante dhe të marrin ngjyrë të artë. Kullojini mirë përpara se ta shërbeni.

rrotulla derri me vezë

Shërben 4 racione

225 g/8oz mish derri pa dhjamë, i grirë
1 fetë rrënjë xhenxhefili, e prerë
1 qiqra, e grirë
15 ml / 1 lugë gjelle salcë soje
15 ml / 1 lugë gjelle ujë
12 lëkura rrotullash vezësh
1 vezë e rrahur
vaj për tiganisje

Përzieni mishin e derrit, xhenxhefilin, qepën, salcën e sojës dhe ujin. Vendosni pak mbushje në qendër të çdo lëkure dhe lyeni skajet me vezë të rrahur. Palosni anët dhe rrotullojeni rrotullën e vezëve larg jush, duke i mbyllur skajet me vezë. Ziejini në një raft në një tenxhere me avull për 30 minuta derisa mishi i derrit të jetë gatuar. Ngroheni vajin dhe skuqeni për disa minuta derisa të bëhet i freskët dhe i artë.

Rrotulla me vezë me mish derri dhe karkaleca deti

Shërben 4 racione

30 ml / 2 lugë gjelle vaj kikiriku

225 g/8oz mish derri pa dhjamë, i grirë

6 qepë (qepëza), të grira

225 g / 8 oz lakër fasule

100 g / 4 oz karkaleca të qëruara, të copëtuara

15 ml / 1 lugë gjelle salcë soje

2,5 ml/½ lugë e vogël kripë

12 lëkura rrotullash vezësh

1 vezë e rrahur

vaj për tiganisje

Ngrohni vajin dhe skuqni mishin e derrit dhe qepët derisa të skuqen lehtë. Ndërkohë zbardhni filizat e fasules në ujë të vluar për 2 minuta dhe kullojini. Shtoni filizat e fasules në tigan dhe skuqini për 1 minutë. Shtoni karkalecat, salcën e sojës dhe kripën dhe skuqini për 2 minuta. Lëreni të ftohet.

Vendosni pak mbushje në qendër të çdo lëkure dhe lyeni skajet me vezë të rrahur. Palosni anët dhe rrotulloni rrotullat e vezëve, duke i mbyllur skajet me vezë. Ngrohni vajin dhe skuqni rrotullat e vezëve derisa të bëhen krokante dhe të marrin ngjyrë të artë.

Mish derri të zier me vezë

Shërben 4 racione

450 g/1 lb mish derri pa dhjamë

30 ml / 2 lugë gjelle vaj kikiriku

1 qepë e grirë

90 ml / 6 lugë gjelle salcë soje

45 ml / 3 lugë gjelle verë orizi ose sheri të thatë

15 ml / 1 lugë gjelle sheqer kaf

3 vezë të ziera (të ziera)

Zieni një tenxhere me ujë, shtoni mishin e derrit, lëreni të vlojë dhe ziejini derisa të mbyllet. E heqim nga tava, e kullojmë mirë dhe e presim në kubikë. Ngroheni vajin dhe skuqni qepën derisa të thahet. Shtoni mishin e derrit dhe gatuajeni derisa të skuqet lehtë. Shtoni salcën e sojës, verën ose sherin dhe sheqerin, mbulojeni dhe ziejini për 30 minuta, duke i përzier herë pas here. Pritini të çara të vogla në pjesën e jashtme të vezëve dhe shtoni në tenxhere, mbulojeni dhe ziejini për 30 minuta të tjera.

derr zjarri

Shërben 4 racione

450g/1lb ijë derri, e prerë në rripa

30 ml / 2 lugë salcë soje

30 ml/2 lugë gjelle salcë hoisin

5 ml/1 lugë çaji pluhur me pesë erëza

15 ml / 1 lugë gjelle piper

15 ml / 1 lugë gjelle sheqer kaf

15 ml / 1 lugë gjelle vaj susami

30 ml / 2 lugë gjelle vaj kikiriku

6 qepë (qepëza), të grira

1 spec jeshil, i prere ne copa

200 g / 7 oz lakër fasule

2 feta ananasi të prera në kubikë

45 ml/3 lugë gjelle ketchup domate (catsup)

150 ml/¼ pt/bujare ½ filxhan lëng pule

Vendoseni mishin në një tas. Përzieni salcën e sojës, salcën hoisin, salcën me pesë erëza, piperin dhe sheqerin, hidheni sipër mishit dhe marinojini për 1 orë. Ngrohni vajrat dhe skuqni mishin deri në kafe të artë. Hiqeni nga tigani. Shtoni perimet dhe skuqini për 2 minuta. Shtoni ananasin, ketchup domaten dhe lëngun dhe lëreni të ziejë. Kthejeni mishin në tigan dhe ngroheni përpara se ta shërbeni.

Fileto derri e skuqur

Shërben 4 racione

350 g / 12 oz mish derri, i prerë në kubikë
15 ml / 1 lugë gjelle verë orizi ose sheri të thatë
15 ml / 1 lugë gjelle salcë soje
5 ml/1 lugë vaj susami
30 ml / 2 lugë gjelle miell misri (niseshte misri)
vaj për tiganisje

Përzieni mishin e derrit, verën ose sherin, salcën e sojës, vajin e susamit dhe miellin e misrit në mënyrë që mishi i derrit të mbulohet me një brumë të trashë. Ngrohni vajin dhe skuqni mishin e derrit për rreth 3 minuta derisa të bëhet krokant. Hiqeni mishin e derrit nga tigani, ngrohni përsëri vajin dhe skuqeni përsëri për rreth 3 minuta.

Pesë erëza derri

Shërben 4 racione

225 g / 8 oz mish derri pa dhjamë
5 ml / 1 lugë miell misri (miseshte misri)
2,5 ml/½ lugë e vogël pluhur me pesë erëza
2,5 ml/½ lugë e vogël kripë
15 ml / 1 lugë gjelle verë orizi ose sheri të thatë
20 ml / 2 lugë gjelle vaj kikiriku
120 ml / 4 ml oz / ½ filxhan lëng pule

Pritini mishin e derrit në feta të holla kundër kokrrës. Përzieni mishin e derrit me miell misri, pluhur me pesë erëza, kripë dhe verë ose sheri dhe përzieni mirë që të lyhet mishi i derrit. Lëreni të pushojë për 30 minuta, duke e përzier herë pas here. Ngroheni vajin, shtoni mishin e derrit dhe skuqeni për rreth 3 minuta.

Shtoni lëngun, lëreni të vlojë, mbulojeni dhe ziejini për 3 minuta. Shërbejeni menjëherë.

Mish derri i pjekur aromatik

Shërben 6-8

1 copë lëvozhgë mandarine
45 ml / 3 lugë gjelle vaj kikiriku
900 g / 2 lb mish derri pa dhjamë, i prerë në kubikë
250 ml / 8 ml oz / 1 filxhan verë orizi ose sheri të thatë
120 ml / 4 ml oz / ½ filxhan salcë soje
2,5 ml/½ lugë çaji pluhur anise
½ shkop kanelle
4 karafil
5 ml/1 lugë kripë
250 ml / 8 ml oz / 1 filxhan ujë
2 qepë (qepëza), të prera në feta
1 fetë rrënjë xhenxhefili, e prerë

Lëkurën e mandarinës e njomni në ujë gjatë përgatitjes së gjellës. Ngrohni vajin dhe skuqni mishin e derrit derisa të skuqet lehtë. Shtoni verë ose sheri, salcë soje, pluhur anise, kanellë, karafil, kripë dhe ujë. Lërini të vlojnë, shtoni lëkurën e mandarinës, qiqrat dhe xhenxhefilin. Mbulojeni dhe ziejini për rreth 1 1/2 orë derisa të zbuten, duke e përzier herë pas here dhe duke shtuar pak ujë të vluar nëse është e nevojshme. Hiqni erëzat përpara se ta shërbeni.

Mish derri me hudhër të grirë

Shërben 4 racione

450g/1lb bark derri, lëkurë

3 feta rrënjë xhenxhefili

2 qepë (qepëza), të grira

30 ml/2 lugë hudhër të grirë

30 ml / 2 lugë salcë soje

5 ml/1 lugë kripë

15 ml / 1 lugë supë pule

2,5 ml/½ lugë e vogël vaj speci

4 degë koriandër

Vendoseni mishin e derrit në një tigan me xhenxhefil dhe qepë, mbulojeni me ujë, lëreni të vlojë dhe ziejini për 30 minuta derisa të gatuhet. E heqim dhe e kullojmë mirë, e më pas e presim në feta të holla përafërsisht. 5 cm/2 katror. Renditni fetat në një sitë metalike. Vërini një tenxhere me ujë të ziejë, shtoni fetat e derrit dhe ziejini për 3 minuta derisa të nxehen. Rregullojini në një pjatë servirjeje të ngrohur. Përziejmë hudhrën, salcën e sojës, kripën, lëngun dhe vajin djegës dhe e hedhim sipër mishit të derrit. Shërbejeni të zbukuruar me cilantro.

Mish derri të pjekur me xhenxhefil

Shërben 4 racione

225 g / 8 oz mish derri pa dhjamë
5 ml / 1 lugë miell misri (miseshte misri)
30 ml / 2 lugë salcë soje
30 ml / 2 lugë gjelle vaj kikiriku
1 fetë rrënjë xhenxhefili, e prerë
1 qepe, e prerë në feta
45 ml / 3 lugë gjelle ujë
5 ml / 1 lugë çaji sheqer kaf

Pritini mishin e derrit në feta të holla kundër kokrrës. Përzieni miell misri, më pas spërkatni me salcë soje dhe përzieni përsëri. Ngroheni vajin dhe skuqni mishin e derrit për 2 minuta derisa të skuqet. Shtoni xhenxhefilin dhe qepën dhe skuqini për 1 minutë. Shtoni ujin dhe sheqerin, mbulojeni dhe gatuajeni për rreth. 5 minuta derisa të gatuhet.

Mish derri me bishtaja

Shërben 4 racione

450 g / 1 lb fasule jeshile, të prera në copa

30 ml / 2 lugë gjelle vaj kikiriku

2,5 ml/½ lugë e vogël kripë

1 fetë rrënjë xhenxhefili, e prerë

225 g/8oz mish derri pa dhjamë, i grirë (i bluar)

120 ml / 4 ml oz / ½ filxhan lëng pule

75 ml / 5 lugë gjelle ujë

2 vezë

15 ml / 1 lugë gjelle miell misri (niseshte misri)

Ziejini fasulet për rreth 2 minuta dhe kullojini. Ngrohni vajin dhe skuqni kripën dhe xhenxhefilin për disa sekonda. Shtoni mishin e derrit dhe gatuajeni derisa të skuqet lehtë. Shtojmë fasulet dhe i kaurdisim për 30 sekonda duke i lyer me vaj. Shtoni lëngun, lëreni të vlojë, mbulojeni dhe ziejini për 2 minuta. Rrahim 30 ml/2 lugë ujë së bashku me vezët dhe i përziejmë në tigan. Përzieni ujin e mbetur me miell misri. Kur vezët të fillojnë të forcohen, përzieni miellin e misrit dhe gatuajeni derisa masa të trashet. Shërbejeni menjëherë.

Mish derri me proshutë dhe tofu

Shërben 4 racione

4 kërpudha të thata kineze

5 ml / 1 lugë vaj kikiriku

100 g / 4 oz proshutë të tymosur, të prerë në feta

225 g / 8 oz tofu, i prerë në feta

225 g / 8 oz mish derri pa dhjamë, i prerë në feta

15 ml / 1 lugë gjelle verë orizi ose sheri të thatë

kripë dhe piper i sapo bluar

1 fetë rrënjë xhenxhefili, e prerë

1 qepe (krepë), e grirë

10 ml / 2 lugë lugë miell misri (niseshte misri)

30 ml / 2 lugë gjelle ujë

Thithni kërpudhat në ujë të nxehtë për 30 minuta dhe kullojini. Hidhni kërcellet dhe prisni pjesën e sipërme në gjysmë. Fërkoni një tas rezistent ndaj nxehtësisë me vaj kikiriku. Në pjatë i rregullojmë në shtresa kërpudhat, proshutën, tofun dhe mishin e derrit me mishin e derrit sipër. Spërkateni me verë ose sheri, kripë dhe piper, xhenxhefil dhe qiqra. Mbulojeni dhe ziejini në një raft mbi ujë të vluar për rreth 45 minuta derisa të gatuhet. Kullojeni salcën nga tasi pa prekur përbërësit. Shtoni ujë të mjaftueshëm për të bërë 250 ml / 8 floz / 1 filxhan. Bashkoni miellin e misrit dhe ujin dhe përzieni në salcë. Vendoseni në një tas dhe gatuajeni, duke e trazuar, derisa salca të jetë e lehtë dhe e trashë. Kthejeni përzierjen e derrit në një pjatë të ngrohur, derdhni salcën dhe shërbejeni.

qebap derri i skuqur

Shërben 4 racione

450 g/1 lb fileto derri, e prerë në feta hollë

100 g/4oz proshutë të gatuar, të prerë hollë

6 gështenja uji, të prera hollë

30 ml / 2 lugë salcë soje

30 ml/2 lugë gjelle uthull vere

15 ml / 1 lugë gjelle sheqer kaf

15 ml / 1 lugë gjelle salcë deti

disa pika vaj djegës

45 ml / 3 lugë miell misri (niseshte misri)

30 ml / 2 lugë gjelle verë orizi ose sheri të thatë
2 vezë, të rrahura
vaj për tiganisje

Fijeni mishin e derrit, proshutën dhe gështenjat e ujit në mënyrë alternative në hell të vegjël. Përzieni salcën e sojës, uthullën e verës, sheqerin, salcën e gocave dhe vajin djegës. I hedhim qebapët, i mbulojmë dhe i marinojmë në frigorifer për 3 orë. Rrihni së bashku miellin e misrit, verën ose sherin dhe vezën derisa të jenë të lëmuara dhe të trasha. Rrotulloni qebapët në brumë për t'i mbuluar. Ngroheni vajin dhe skuqni qebapët deri në kafe të artë.

Bosht derri i skuqur në salcë të kuqe

Shërben 4 racione

1 kofshë e madhe derri
1 l / 1½ pikë / 4¼ filxhan ujë të valë
5 ml/1 lugë kripë
120 ml / 4 ml oz / ½ filxhan uthull vere
120 ml / 4 ml oz / ½ filxhan salcë soje
45 ml / 3 lugë mjaltë
5 ml / 1 lugë manaferra dëllinjë

5 ml/1 lugë anise

5 ml/1 lugë e vogël koriandër

60 ml / 4 lugë gjelle vaj kikiriku

6 qepë (qepëza), të prera në feta

2 karota, të prera hollë

1 gjethe selino, e prerë në feta

45 ml/3 lugë salcë hoisin

30 ml/2 lugë çatni mango

75 ml/5 lugë gjelle pure domate (pastë)

1 thelpi hudhër, e shtypur

60 ml / 4 lugë qiqra të grira

Zieni kofshën e derrit me ujë, kripë, uthull vere, 45 ml/3 lugë salcë soje, mjaltë dhe erëza. Shtoni perimet, lërini të ziejnë, mbulojeni dhe ziejini për rreth 1 1/2 orë derisa mishi të zbutet. Hiqni mishin dhe perimet nga tigani, prisni mishin nga kockat dhe copëtoni. Ngroheni vajin dhe skuqeni mishin deri në kafe të artë. Shtoni perimet dhe skuqini për 5 minuta. Shtoni salcën e mbetur të sojës, salcën hoisin, chutney, pastën e domates dhe hudhrën. Lërini të vlojnë duke e trazuar dhe gatuajeni për 3 minuta. Shërbejeni të spërkatur me qiqra.

mish derri i marinuar

Shërben 4 racione

450 g/1 lb mish derri pa dhjamë

1 fetë rrënjë xhenxhefili, e prerë

1 thelpi hudhër, e shtypur

90 ml / 6 lugë gjelle salcë soje

15 ml / 1 lugë gjelle verë orizi ose sheri të thatë

45 ml / 3 lugë gjelle vaj kikiriku

1 qepe, e prerë në feta

15 ml / 1 lugë gjelle sheqer kaf

piper i sapo bluar

Përzieni mishin e derrit me xhenxhefil, hudhër, 30 ml/2 lugë salcë soje dhe verë ose sheri. Lëreni të pushojë për 30 minuta, duke e përzier herë pas here, më pas hiqni mishin nga marinada. Ngrohni vajin dhe skuqni mishin e derrit derisa të skuqet lehtë. Shtoni qiqrat, sheqerin, salcën e mbetur të sojës dhe pak piper, mbulojeni dhe gatuajeni për rreth. 45 minuta, derisa mishi i derrit të jetë gatuar. Pritini mishin e derrit në kubikë dhe shërbejeni.

Bërxolla derri të marinuara

Shërben 6 racione

6 bërxolla derri

1 fetë rrënjë xhenxhefili, e prerë

1 thelpi hudhër, e shtypur

90 ml / 6 lugë gjelle salcë soje

30 ml / 2 lugë gjelle verë orizi ose sheri të thatë

45 ml / 3 lugë gjelle vaj kikiriku

2 qepë (qepëza), të grira

15 ml / 1 lugë gjelle sheqer kaf
piper i sapo bluar

Pritini copat e derrit nga kockat dhe copëtoni mishin në kubikë. Bashkoni xhenxhefilin, hudhrën, 30 ml/2 lugë salcë soje dhe verën ose sherin, hidhni sipër mishin e derrit dhe marinojini për 30 minuta, duke i përzier herë pas here. Hiqeni mishin nga marinada. Ngrohni vajin dhe skuqni mishin e derrit derisa të skuqet lehtë. Shtoni qiqrat dhe skuqini për 1 minutë. Përzieni salcën e mbetur të sojës me sheqer dhe një majë piper. Përziejini me salcën, lëreni të vlojë, mbulojeni dhe gatuajeni për rreth 30 minuta derisa mishi i derrit të zbutet.

Mish derri me kërpudha

Shërben 4 racione
25g/1oz kërpudha të thata kineze
30 ml / 2 lugë gjelle vaj kikiriku
1 thelpi hudhër, të grirë
225 g / 8 oz mish derri pa dhjamë, i prerë në feta
4 qepë (qepë), të grira
15 ml / 1 lugë gjelle salcë soje
15 ml / 1 lugë gjelle verë orizi ose sheri të thatë
5 ml/1 lugë vaj susami

Thithni kërpudhat në ujë të nxehtë për 30 minuta dhe kullojini. Hidhni kërcellet dhe prisni majat. Ngrohni vajin dhe skuqni hudhrat deri sa të marrin ngjyrë të artë lehtë. Shtoni mishin e derrit dhe skuqeni deri në kafe të artë. Shtoni qepët, kërpudhat, salcën e sojës dhe verën ose sherin dhe skuqini për 3 minuta. Hidhni vajin e susamit dhe shërbejeni menjëherë.

qofte në avull

Shërben 4 racione

450 g/1 lb mish derri i grirë (i bluar)

4 gështenja uji, të grira hollë

225 g / 8 oz kërpudha, të grira hollë

5 ml/1 lugë salcë soje

kripë dhe piper i sapo bluar

1 vezë e rrahur lehtë

Përziejini mirë të gjithë përbërësit dhe formoni masën në një enë rezistente ndaj furrës në një tartë të sheshtë. Vendoseni enën në një raft në një avullore, mbulojeni dhe ziejini me avull për 1 orë e gjysmë.

Mish derri i kuq me kërpudha

Shërben 4 racione

450 g/1 lb mish derri pa dhjamë, i prerë në kubikë

250 ml / 8 ml oz / 1 filxhan ujë

15 ml / 1 lugë gjelle salcë soje

15 ml / 1 lugë gjelle verë orizi ose sheri të thatë

5 ml/1 lugë sheqer

5 ml/1 lugë kripë

225 g kërpudha butona

Hidhni mishin e derrit dhe ujin në një tenxhere dhe lëreni ujin të vlojë. Mbulojeni dhe gatuajeni për 30 minuta më pas kullojeni duke e rezervuar lëngun. Kthejeni mishin e derrit në tigan dhe shtoni salcën e sojës. Gatuani në zjarr të ulët, duke e trazuar, derisa salca e sojës të përthithet. Hidhni verën ose sherin, sheqerin dhe kripën, hidhni lëngun e rezervuar, lëreni të vlojë, mbulojeni dhe ziejini për rreth 30 minuta, duke e kthyer herë pas here mishin. Shtoni kërpudhat dhe gatuajeni edhe për 20 minuta të tjera.

petulla derri me makarona

Shërben 4 racione

30 ml / 2 lugë gjelle vaj kikiriku
5 ml / 2 lugë çaji kripë
225 g / 8 oz mish derri pa dhjamë, i prerë në rripa
225 g / 8 oz lakër kineze, të copëtuar
100 g / 4 oz fidane bambuje, të copëtuara
100 g/4oz kërpudha, të prera hollë
150 ml/¼ pt/bujare ½ filxhan lëng pule

10 ml / 2 lugë lugë miell misri (niseshte misri)
15 ml / 1 lugë gjelle verë orizi ose sheri të thatë
15 ml / 1 lugë gjelle ujë
petulla me makarona

Ngrohni vajin dhe skuqni kripën dhe mishin e derrit derisa të skuqet lehtë. Shtoni lakrën, lastarët e bambusë dhe kërpudhat dhe skuqini për 1 minutë. Shtoni lëngun, lëreni të vlojë, mbulojeni dhe ziejini për 4 minuta derisa mishi i derrit të jetë gatuar. Rrihni miellin e misrit në një pastë me verën ose sherin dhe ujin, përzieni në tigan dhe gatuajeni, duke e trazuar, derisa salca të jetë e qartë dhe të trashet. Hidhni petullën e makaronave për ta shërbyer.

Mish derri dhe karkaleca me petulla

Shërben 4 racione

30 ml / 2 lugë gjelle vaj kikiriku
5 ml/1 lugë kripë
4 qepë (qepë), të grira
1 thelpi hudhër, e shtypur
225 g / 8 oz mish derri pa dhjamë, i prerë në rripa
100 g/4oz kërpudha, të prera në feta
4 kërcell selino, të prera në feta
225 g karkaleca të qëruara

30 ml / 2 lugë salcë soje

10 ml / 1 lugë çaji miell misri (niseshte misri)

45 ml / 3 lugë gjelle ujë

petulla me makarona

Ngroheni vajin dhe kripën dhe skuqni qepën dhe hudhrën derisa të marrin ngjyrë të artë. Shtoni mishin e derrit dhe gatuajeni derisa të skuqet lehtë. Shtoni kërpudhat dhe selinon dhe skuqini për 2 minuta. Shtoni karkalecat, spërkatni me salcë soje dhe përzieni derisa të nxehen. Rrihni miellin e misrit dhe ujin derisa të formohet një pastë, përzieni në tigan dhe gatuajeni, duke e trazuar, derisa të nxehet. Hidhni petullën e makaronave për ta shërbyer.

Mish derri me salcë goca deti

Shërben 4-6

450 g/1 lb mish derri pa dhjamë

15 ml / 1 lugë gjelle miell misri (niseshte misri)

10 ml / 2 lugë çaji verë orizi ose sheri të thatë

majë sheqer

45 ml / 3 lugë gjelle vaj kikiriku

10 ml / 2 lugë çaji ujë

30 ml / 2 lugë gjelle salcë deti

piper i sapo bluar

1 fetë rrënjë xhenxhefili, e prerë
60 ml / 4 lugë supë pule

Pritini mishin e derrit në feta të holla kundër kokrrës. Përzieni 5 ml/1 lugë çaji miell misri me verën ose sherin, sheqerin dhe 5 ml/1 lugë çaji vaj, shtoni mishin e derrit dhe përzieni mirë. Përzieni pjesën e mbetur të miellit të misrit me ujin, salcën e gocave dhe një majë piper. Ngrohni vajin e mbetur dhe skuqni xhenxhefilin për 1 minutë. Shtoni mishin e derrit dhe gatuajeni derisa të skuqet lehtë. Shtoni lëngun e mishit dhe ujin dhe përzierjen e salcës së gocave, lëreni të vlojë, mbulojeni dhe ziejini për 3 minuta.

Mish derri me kikirikë

Shërben 4 racione
450 g/1 lb mish derri pa dhjamë, i prerë në kubikë
15 ml / 1 lugë gjelle miell misri (niseshte misri)
5 ml/1 lugë kripë
1 e bardhe veze
3 qepë (qepëza), të grira
1 thelpi hudhër, të grirë
1 fetë rrënjë xhenxhefili, e prerë
45 ml / 3 lugë supë pule
15 ml / 1 lugë gjelle verë orizi ose sheri të thatë

15 ml / 1 lugë gjelle salcë soje
10 ml / 2 lugë melasë të zezë
45 ml / 3 lugë gjelle vaj kikiriku
½ kastravec i prerë në kubikë
25 g / 1 oz / ¼ filxhan kikirikë të lëvruar
5 ml/1 lugë vaj speci

Përzieni mishin e derrit me gjysmën e miellit të misrit, kripën dhe të bardhën e vezës dhe përzieni mirë që të lyhet mishi i derrit. Përzieni miellin e mbetur të misrit me qepët, hudhrën, xhenxhefilin, lëngun, verën ose sherin, salcën e sojës dhe melasën. Ngrohni vajin dhe skuqni mishin e derrit derisa të skuqet lehtë, më pas hiqeni nga tigani. Hidhni kastravecin në tigan dhe skuqeni për disa minuta. Kthejeni mishin e derrit në tigan dhe përzieni lehtë. Shtoni përzierjen e erëzave, lëreni të ziejë dhe gatuajeni, duke e përzier, derisa salca të jetë e lehtë dhe të trashet. Përzieni kikirikët dhe vajin djegës dhe ngrohni përpara se ta shërbeni.

Mish derri me speca

Shërben 4 racione

45 ml / 3 lugë gjelle vaj kikiriku

225 g/8oz mish derri pa dhjamë, i prerë në kubikë

1 qepë e prerë në kubikë

2 speca jeshile, te grira

½ kokë gjethe kineze të prera në kubikë

1 fetë rrënjë xhenxhefili, e prerë

15 ml / 1 lugë gjelle salcë soje

15 ml / 1 lugë gjelle sheqer

2,5 ml/½ lugë e vogël kripë

Ngrohni vajin dhe skuqni mishin e derrit për rreth 4 minuta deri në kafe të artë. Shtoni qepën dhe skuqeni për rreth 1 minutë. Shtoni specat dhe skuqini për 1 minutë. Shtoni gjethet kineze dhe skuqini për 1 minutë. Përziejini përbërësit e mbetur, përziejini në tigan dhe skuqini për 2 minuta të tjera.

Mish derri pikant me turshi

Shërben 4 racione

900 g / 2 lb bërxolla derri

30 ml / 2 lugë gjelle miell misri (niseshte misri)

45 ml / 3 lugë salcë soje

30 ml / 2 lugë gjelle sheri të ëmbël

5 ml/1 lugë gjelle rrënjë xhenxhefili të grirë

2,5 ml/½ lugë e vogël pluhur me pesë erëza

majë piper i sapo bluar

vaj për tiganisje

60 ml / 4 lugë supë pule

Perime turshi kineze

Pritini bërxollat, duke hequr të gjitha yndyrat dhe kockat. Rrihni së bashku miellin e misrit, 30 ml/2 lugë salcë soje, sherry, xhenxhefil, pluhur me pesë erëza dhe piper. Hidhni sipër mishin e derrit dhe përzieni që të mbulohet plotësisht. Mbulojeni dhe marinoni për 2 orë, duke i kthyer herë pas here. Ngrohni vajin dhe skuqni mishin e derrit derisa të marrë ngjyrë kafe të artë dhe të gatuhet. I kullojmë në letër kuzhine. Pritini mishin e derrit në feta të trasha, transferojeni në një enë të nxehur dhe mbajeni të ngrohtë. Vendosni lëngun dhe salcën e mbetur të sojës në një tenxhere të vogël. Lëreni të vlojë dhe derdhni sipër mishin e derrit të prerë. Shërbejeni të zbukuruar me turshi të përziera.

Mish derri me salcë kumbulle

Shërben 4 racione
450 g/1 lb mish derri të zier në kubikë
2 thelpinj hudhre, te shtypura
kripë
60 ml/4 lugë gjelle ketchup domate (catsup)
30 ml / 2 lugë salcë soje
45 ml / 3 lugë salcë kumbulle
5 ml/1 lugë gjelle pluhur kerri
5 ml/1 lugë paprika

2,5 ml/½ lugë çaji piper i sapo bluar

45 ml / 3 lugë gjelle vaj kikiriku

6 qepë (qepëza), të prera në rripa

4 karota, të prera në rripa

Marinojeni mishin me hudhër, kripë, ketchup domate, salcë soje, salcë kumbullash, pluhur kerri, paprika dhe piper për 30 minuta. Ngroheni vajin dhe skuqeni mishin derisa të skuqet lehtë. Hiqeni nga wok. Shtoni perimet në vaj dhe skuqini derisa të zbuten. Kthejeni mishin në tigan dhe ngroheni butësisht përpara se ta shërbeni.

Mish derri me karkaleca deti

Shërben 6-8

900 g / 2 lb mish derri pa dhjamë

30 ml / 2 lugë gjelle vaj kikiriku

1 qepë, e prerë në feta

1 qepe (krepë), e grirë

2 thelpinj hudhre, te shtypura

30 ml / 2 lugë salcë soje

50 g / 2 oz karkaleca të qëruara, të copëtuara

(kat)

600 ml / 1 pt / 2½ gota ujë të valë

15 ml / 1 lugë gjelle sheqer

Zieni një tenxhere me ujë, shtoni mishin e derrit, mbulojeni dhe ziejini për 10 minuta. E heqim nga tava dhe e kullojmë mirë dhe e presim në kubikë. Ngrohni vajin dhe skuqni qepën, qiqrat dhe hudhrat derisa të marrin ngjyrë të lehtë. Shtoni mishin e derrit dhe gatuajeni derisa të skuqet lehtë. Shtoni salcën e sojës dhe karkalecat dhe skuqini për 1 minutë. Shtoni ujë të vluar dhe sheqer, mbulojeni dhe ziejini për rreth. 40 minuta derisa mishi i derrit të zbutet.

Mish derri i kuq

Shërben 4 racione

675 g / 1½ lb mish derri pa dhjamë, i prerë në kubikë
250 ml / 8 ml oz / 1 filxhan ujë
1 fetë rrënjë xhenxhefili, e grimcuar
60 ml / 4 lugë salcë soje
15 ml / 1 lugë gjelle verë orizi ose sheri të thatë
5 ml/1 lugë kripë
10 ml / 2 lugë sheqer kaf

Hidhni mishin e derrit dhe ujin në një tenxhere dhe lëreni ujin të vlojë. Shtoni xhenxhefilin, salcën e sojës, sherin dhe kripën, mbulojeni dhe ziejini për 45 minuta. Shtoni sheqerin, kthejeni mishin, mbulojeni dhe gatuajeni edhe për 45 minuta të tjera derisa mishi i derrit të zbutet.

Mish derri në salcë të kuqe

Shërben 4 racione

30 ml / 2 lugë gjelle vaj kikiriku
225 g / 8 oz veshka derri, të prera në rripa
450 g/1 lb mish derri, i prerë në rripa
1 qepë, e prerë në feta
4 qepë (qepëza), të prera në rripa
2 karota, të prera në rripa
1 gjethe selino, e prerë në rripa
1 spec i kuq, i prere ne rripa
45 ml / 3 lugë salcë soje
45 ml/3 lugë gjelle verë e bardhë e thatë

300 ml / ½ pt / 1 ¼ filxhan lëng pule
30 ml / 2 lugë gjelle salcë kumbulle
30 ml/2 lugë gjelle uthull vere
5 ml/1 lugë çaji pluhur me pesë erëza
5 ml / 1 lugë çaji sheqer kaf
15 ml / 1 lugë gjelle miell misri (niseshte misri)
15 ml / 1 lugë gjelle ujë

Ngrohni vajin dhe skuqini veshkat për 2 minuta, më pas i hiqni nga tigani. Ngroheni përsëri vajin dhe skuqni mishin e derrit derisa të skuqet lehtë. Shtoni perimet dhe skuqini për 3 minuta. Shtoni salcën e sojës, verën, lëngun e mishit, salcën e kumbullave të thata, uthullën e verës, pluhurin me pesë erëza dhe sheqerin, lëreni të ziejë, mbulojeni dhe gatuajeni për 30 minuta derisa të gatuhet. Shtoni veshkat. Bashkoni miellin e misrit dhe ujin dhe përzieni në tigan. Lëreni të vlojë dhe gatuajeni duke e trazuar derisa salca të trashet.

Mish derri me petë orizi

Shërben 4 racione

4 kërpudha të thata kineze

100g/4oz petë orizi

225 g / 8 oz mish derri pa dhjamë, i prerë në rripa

15 ml / 1 lugë gjelle miell misri (niseshte misri)

15 ml / 1 lugë gjelle salcë soje

15 ml / 1 lugë gjelle verë orizi ose sheri të thatë

45 ml / 3 lugë gjelle vaj kikiriku

2,5 ml/½ lugë e vogël kripë

1 fetë rrënjë xhenxhefili, e prerë

2 bishta selino, të grira
120 ml / 4 ml oz / ½ filxhan lëng pule
2 qepë (qepëza), të prera në feta

Thithni kërpudhat në ujë të nxehtë për 30 minuta dhe kullojini. Hidhni kërcellet dhe prisni majat. Ziejini makaronat në ujë të ngrohtë për 30 minuta, kullojini dhe pritini në copa 5cm/2cm. Vendoseni mishin e derrit në një tas. Përzieni miellin e misrit, salcën e sojës dhe verën ose sherin, derdhni sipër mishin e derrit dhe hidheni. Ngrohni vajin dhe skuqni kripën dhe xhenxhefilin për disa sekonda. Shtoni mishin e derrit dhe gatuajeni derisa të skuqet lehtë. Shtoni kërpudhat dhe selinon dhe skuqini për 1 minutë. Shtoni lëngun, lëreni të vlojë, mbulojeni dhe ziejini për 2 minuta. Shtoni dhe petët dhe ngrohni për 2 minuta. Përzieni qiqrat dhe shërbejeni menjëherë.

Pemë të pasura derri

Shërben 4 racione

450 g/1 lb mish derri i grirë (i bluar)

100 g/4oz tofu, pure

4 gështenja uji, të grira hollë

kripë dhe piper i sapo bluar

120 ml / 4 ml oz / ½ filxhan vaj kikiriku

1 fetë rrënjë xhenxhefili, e prerë

600 ml / 1 pt / 2½ filxhan lëng pule

15 ml / 1 lugë gjelle salcë soje

5 ml / 1 lugë çaji sheqer kaf

5 ml/1 lugë çaji verë orizi ose sheri të thatë

Përzieni mishin e derrit, tofun dhe gështenjat dhe i rregulloni me kripë dhe piper. Formoni topa të mëdhenj. Ngrohni vajin dhe skuqni simitet e derrit derisa të marrin ngjyrë kafe nga të gjitha anët dhe hiqini nga tigani. Kulloni të gjithë, përveç 15 ml/1 lugë gjelle vaj dhe shtoni xhenxhefil, lëng, salcë soje, sheqer dhe verë ose sheri. Kthejini topat e derrit në tenxhere, vendosini të ziejnë dhe ziejini ngadalë për 20 minuta derisa të gatuhen.

Bërxolla derri të pjekura

Shërben 4 racione

4 bërxolla derri

75 ml / 5 lugë gjelle salcë soje

vaj për tiganisje

100 g selino

3 qepë (qepëza), të grira

1 fetë rrënjë xhenxhefili, e prerë

15 ml / 1 lugë gjelle verë orizi ose sheri të thatë

120 ml / 4 ml oz / ½ filxhan lëng pule

kripë dhe piper i sapo bluar

5 ml/1 lugë vaj susami

Thithni bërxollat e derrit në salcë soje derisa të mbulohen mirë. Ngrohni vajin dhe skuqni kotatet derisa të marrin ngjyrë kafe të artë. E heqim dhe e kullojmë mirë. Vendoseni selinon në fund të një enë pjekjeje të cekët. Spërkatni qepët dhe xhenxhefilin dhe sipër vendosni bërxollat e derrit. Hidhni verë ose sheri, lëngun dhe rregulloni me kripë dhe piper. Spërkateni me vaj susami. E pjekim në furrë të parangrohur në 200°C/400°C/gaz 6 për 15 minuta.

mish derri pikant

Shërben 4 racione

1 kastravec i prerë në kubikë

kripë

450 g/1 lb mish derri pa dhjamë, i prerë në kubikë

5 ml/1 lugë kripë

45 ml / 3 lugë salcë soje

30 ml / 2 lugë gjelle verë orizi ose sheri të thatë

30 ml / 2 lugë gjelle miell misri (niseshte misri)

15 ml / 1 lugë gjelle sheqer kaf

60 ml / 4 lugë gjelle vaj kikiriku

1 fetë rrënjë xhenxhefili, e prerë

1 thelpi hudhër, të grirë

1 spec djegës të kuq, të prerë dhe të grirë

60 ml / 4 lugë supë pule

Spërkateni kastravecin me kripë dhe lëreni mënjanë. Hidhni mish derri, kripë, 15 ml/1 lugë salcë soje, 15 ml/1 lugë gjelle verë ose sheri, 15 ml/1 lugë miell misri, sheqer kaf dhe 15 ml/1 lugë vaj ulliri, lëreni të pushojë për 30 minuta dhe hiqeni mishin nga marinada. . Ngrohni vajin e mbetur dhe skuqni mishin e derrit derisa të skuqet lehtë. Shtoni xhenxhefilin, hudhrën dhe specin djegës dhe skuqini për 2 minuta. Shtoni kastravecin dhe skuqeni për 2 minuta. Llokoçis supën dhe salcën e mbetur të sojës, verën ose sherin dhe miellin e misrit në marinadë. Përziejeni këtë në tigan dhe lëreni të vlojë, duke e trazuar. Gatuani duke e trazuar derisa salca të bëhet e qartë dhe të trashet, duke vazhduar zierjen derisa mishi të jetë gatuar.

Feta të lumtura të derrit

Shërben 4 racione

225 g / 8 oz mish derri pa dhjamë, i prerë në feta

2 te bardha veze

15 ml / 1 lugë gjelle miell misri (niseshte misri)

45 ml / 3 lugë gjelle vaj kikiriku

50 g / 2 oz fidane bambuje, të prera në feta

6 qepë (qepëza), të grira

2,5 ml/½ lugë e vogël kripë
15 ml / 1 lugë gjelle verë orizi ose sheri të thatë
150 ml/¼ pt/bujare ½ filxhan lëng pule

Hidhni mishin e derrit me të bardhat e vezëve dhe miell misri derisa të mbulohet mirë. Ngrohni vajin dhe skuqni mishin e derrit derisa të skuqet lehtë, më pas hiqeni nga tigani. Shtoni fidanet e bambusë dhe qepët e freskëta dhe skuqini për 2 minuta. Kthejeni mishin e derrit në tenxhere me kripë, verë ose sheri dhe lëng pule. Lëreni të ziejë dhe gatuajeni, duke e trazuar, për 4 minuta, derisa mishi i derrit të jetë gatuar.

Mish derri me spinaq dhe karrota

Shërben 4 racione

225 g / 8 oz mish derri pa dhjamë
2 karota, të prera në rripa
225 g / 8 oz spinaq
45 ml / 3 lugë gjelle vaj kikiriku
1 qepe (krepë), e grirë hollë
15 ml / 1 lugë gjelle salcë soje
2,5 ml/½ lugë e vogël kripë
10 ml / 2 lugë lugë miell misri (niseshte misri)
30 ml / 2 lugë gjelle ujë

Pritini hollë mishin e derrit kundrejt kokrrës dhe prisni në rripa. Ziejini karotat për rreth 3 minuta dhe kullojini. Pritini gjethet e spinaqit në gjysmë. Ngrohni vajin dhe skuqni qiqrat derisa të jenë të tejdukshme. Shtoni mishin e derrit dhe gatuajeni derisa të skuqet lehtë. Shtoni karotat dhe salcën e sojës dhe skuqini për 1 minutë. Shtoni kripën dhe spinaqin dhe skuqeni për rreth 30 sekonda derisa të fillojë të zbutet. Përziejmë miellin e misrit dhe ujin derisa të formohet një pastë, e përziejmë në salcë dhe e skuqim derisa të zbehet dhe e shërbejmë menjëherë.

mish derri i zier me avull

Shërben 4 racione

450 g/1 lb mish derri pa dhjamë, i prerë në kubikë
120 ml / 4 ml oz / ½ filxhan salcë soje
120 ml / 4 ml oz / ½ filxhan verë orizi ose sheri të thatë
15 ml / 1 lugë gjelle sheqer kaf

Përziejini të gjithë përbërësit dhe vendosini në një enë rezistente ndaj nxehtësisë. Ziejini në një skarë mbi ujë të vluar për rreth 1 1/2 orë derisa të gatuhet.

Mish derri i pjekur

Shërben 4 racione

25g/1oz kërpudha të thata kineze

15 ml / 1 lugë gjelle vaj kikiriku

450 g/1 lb mish derri pa dhjamë, i prerë në feta

1 piper jeshil i prere ne kubik

15 ml / 1 lugë gjelle salcë soje

15 ml / 1 lugë gjelle verë orizi ose sheri të thatë

5 ml/1 lugë kripë

5 ml/1 lugë vaj susami

Thithni kërpudhat në ujë të nxehtë për 30 minuta dhe kullojini. Hidhni kërcellet dhe prisni majat. Ngrohni vajin dhe skuqni mishin e derrit derisa të skuqet lehtë. Shtoni specat dhe skuqini për 1 minutë. Shtoni kërpudhat, salcën e sojës, verën ose sherin dhe kripën dhe skuqini për disa minuta derisa mishi të jetë gatuar. Përzieni vajin e susamit përpara se ta shërbeni.

Mish derri me patate të ëmbël

Shërben 4 racione

vaj për tiganisje
2 patate të ëmbla të mëdha, të prera në kubikë
30 ml / 2 lugë gjelle vaj kikiriku
1 fetë rrënjë xhenxhefili, e prerë në feta
1 qepë, e prerë në feta
450 g/1 lb mish derri pa dhjamë, i prerë në kubikë
15 ml / 1 lugë gjelle salcë soje
2,5 ml/½ lugë e vogël kripë
piper i sapo bluar
250 ml / 8 ml oz / 1 filxhan lëng pule

30 ml/2 lugë gjelle pluhur kerri

Ngroheni vajin dhe skuqni patatet e ëmbla deri në kafe të artë. Hiqeni nga tigani dhe kullojini mirë. Ngrohni vajin e kikirikut dhe skuqni xhenxhefilin dhe qepën derisa të marrin një ngjyrë të lehtë të artë. Shtoni mishin e derrit dhe gatuajeni derisa të skuqet lehtë. Shtoni salcën e sojës, kripën dhe një majë piper, më pas përzieni lëngun dhe karrin, lëreni të vlojë dhe gatuajeni, duke e përzier, për 1 minutë. Shtoni të skuqurat, mbulojeni dhe ziejini për 30 minuta derisa mishi i derrit të jetë gatuar.

Mish derri i hidhur

Shërben 4 racione

450 g/1 lb mish derri pa dhjamë, i prerë në kubikë
15 ml / 1 lugë gjelle verë orizi ose sheri të thatë
15 ml / 1 lugë gjelle vaj kikiriku
5 ml/1 lugë gjelle pluhur kerri
1 vezë e rrahur
kripë
100 gr miell misri (niseshte misri)
vaj për tiganisje
1 thelpi hudhër, e shtypur
75 g / 3 oz / ½ filxhan sheqer
50 g ketchup domate (catsup)

5 ml/1 lugë uthull vere
5 ml/1 lugë vaj susami

Përzieni mishin e derrit me verën ose sherin, vajin e ullirit, pluhurin e kerit, vezën dhe pak kripë. Përzieni miellin e misrit derisa mishi i derrit të mbulohet në brumë. Ngroheni vajin derisa të piqet duhan dhe shtoni disa herë kubikët e derrit. Skuqini për rreth 3 minuta, kullojini dhe lërini mënjanë. Ngrohni përsëri vajin dhe skuqni kubet përsëri për rreth 2 minuta. Hiqeni dhe kulloni. Ngrohni hudhrën, sheqerin, ketchup-in e domates dhe uthullën e verës, duke i trazuar, derisa sheqeri të jetë tretur. Lërini të vlojnë, më pas shtoni kubet e derrit dhe përzieni mirë. Hidhni vajin e susamit dhe shërbejeni.

kripë mish derri

Shërben 4 racione

30 ml / 2 lugë gjelle vaj kikiriku
450 g/1 lb mish derri pa dhjamë, i prerë në kubikë
3 qepë (qepëza), të prera në feta
2 thelpinj hudhre, te shtypura
1 fetë rrënjë xhenxhefili, e prerë
250 ml / 8 ml oz / 1 filxhan salcë soje

30 ml / 2 lugë gjelle verë orizi ose sheri të thatë

30 ml / 2 lugë sheqer kaf

5 ml/1 lugë kripë

600 ml / 1 pt / 2½ gota ujë

Ngrohni vajin dhe skuqni mishin e derrit deri në kafe të artë. Kulloni vajin e tepërt, shtoni qepujt, hudhrën dhe xhenxhefilin dhe skuqini për 2 minuta. Shtoni salcën e sojës, verën ose sherin, sheqerin dhe kripën dhe përzieni mirë. Shtoni ujë, lëreni të vlojë, mbulojeni dhe ziejini për 1 orë.

Mish derri me tofu

Shërben 4 racione

450 g/1 lb mish derri pa dhjamë

45 ml / 3 lugë gjelle vaj kikiriku

1 qepë, e prerë në feta

1 thelpi hudhër, e shtypur

225 g / 8 oz tofu, në kubikë

375 ml / 13 ml oz / 1½ dl lëng pule

15 ml / 1 lugë gjelle sheqer kaf

60 ml / 4 lugë salcë soje

2,5 ml/½ lugë e vogël kripë

Hidhni mishin e derrit në një tenxhere dhe mbulojeni me ujë. Lëreni të vlojë dhe ziejini për 5 minuta. I kullojmë dhe e lëmë të ftohet dhe e presim në kubikë.

Ngrohni vajin dhe skuqni qepën dhe hudhrën derisa të marrin një ngjyrë të lehtë të artë. Shtoni mishin e derrit dhe gatuajeni derisa të skuqet lehtë. Shtoni tofu dhe përzieni butësisht derisa të lyhet me vaj. Shtoni lëngun e mishit, sheqerin, salcën e sojës dhe kripën, lëreni të vlojë, mbulojeni dhe ziejini për rreth. 40 minuta derisa mishi i derrit të zbutet.

mish derri i butë

Shërben 4 racione

225 g / 8 oz mish derri, i prerë në kubikë
1 e bardhe veze
30 ml / 2 lugë gjelle verë orizi ose sheri të thatë
kripë
225 g / 8 oz miell misri (miseshte misri)
vaj për tiganisje

Përzieni mishin e derrit me të bardhën e vezës, verën ose sherin dhe pak kripë. Gradualisht punoni në sasi të mjaftueshme miell misri për të bërë një brumë të trashë. Ngrohni vajin dhe skuqni mishin e derrit deri në kafe të artë dhe krokante nga jashtë dhe të butë nga brenda.

Dy herë derr

Shërben 4 racione

225 g / 8 oz mish derri pa dhjamë

45 ml / 3 lugë gjelle vaj kikiriku

2 speca jeshil të prerë në copa

2 thelpinj hudhre, te grira

2 qepë (qepëza), të prera në feta

15 ml / 1 lugë gjelle salcë fasule të nxehtë

15 ml / 1 lugë supë pule

5 ml/1 lugë sheqer

Vendosni bërshat e derrit në një tenxhere, mbulojeni me ujë, lëreni të vlojë dhe gatuajeni për 20 minuta derisa të gatuhet. E heqim dhe e kullojmë dhe e lëmë të ftohet. Pritini në feta të holla.

Ngrohni vajin dhe skuqni mishin e derrit derisa të skuqet lehtë. Shtoni piper zile, hudhrën dhe qiqrat dhe skuqini për 2 minuta. Hiqeni nga tigani. Shtoni salcën e fasules, lëngun dhe sheqerin në tigan dhe gatuajeni duke e trazuar për 2 minuta. Ktheni mishin e derrit dhe specat dhe gatuajeni derisa të nxehet. Shërbejeni menjëherë.

Mish derri me perime

Shërben 4 racione

2 thelpinj hudhre, te shtypura

5 ml/1 lugë kripë

2,5 ml/½ lugë çaji piper i sapo bluar

30 ml / 2 lugë gjelle vaj kikiriku

30 ml / 2 lugë salcë soje

225 g lule brokoli

200 g lulelakër lulesh

1 piper i kuq i prerë në kubikë

1 qepë e grirë

2 portokall të qëruara dhe të prera në kubikë

1 copë kërcell xhenxhefili, i prerë

30 ml / 2 lugë gjelle miell misri (niseshte misri)

300 ml / ½ pt / 1 ¼ filxhan ujë

20 ml/2 lugë gjelle uthull vere

15 ml/1 lugë mjaltë

majë xhenxhefil të bluar

2,5 ml/½ lugë çaji qimnon

Thërrmoni hudhrën, kripën dhe piperin në mish. Ngroheni vajin dhe skuqeni mishin derisa të skuqet lehtë. Hiqeni nga tigani. Shtoni salcën e sojës dhe perimet në tigan dhe skuqini derisa të jenë të buta, por ende të freskëta. Shtoni portokallet dhe xhenxhefilin. Bashkoni miellin e misrit dhe ujin dhe përzieni në tigan me uthullën e verës, mjaltin, xhenxhefilin dhe qimnonin. Lëreni të vlojë dhe gatuajeni, duke e trazuar, për 2 minuta. Kthejeni mishin e derrit në tigan dhe ngroheni përpara se ta shërbeni.

Mish derri me arra

Shërben 4 racione

50 g / 2 oz / ½ filxhan arra

225 g / 8 oz mish derri pa dhjamë, i prerë në rripa

30 ml / 2 lugë gjelle miell i thjeshtë (për të gjitha qëllimet)

30 ml / 2 lugë sheqer kaf

30 ml / 2 lugë salcë soje

vaj për tiganisje

15 ml / 1 lugë gjelle vaj kikiriku

Zbardhni arrat në ujë të vluar për 2 minuta dhe kullojini. Hidhni mishin e derrit me miell, sheqer dhe 15 ml/1 lugë salcë soje derisa të lyhet mirë. Ngroheni vajin dhe skuqni mishin e derrit deri sa të bëhet krokant dhe të marrë ngjyrë kafe të artë. I kullojmë në letër kuzhine. Ngrohni vajin e kikirikut (kikirikut) dhe skuqni arrat derisa të marrin ngjyrë kafe të artë. Shtoni mishin e derrit në tigan, spërkateni me salcën e mbetur të sojës dhe gatuajeni derisa të nxehet.

kërpudhat e derrit

Shërben 4 racione

450 g/1 lb mish derri i grirë (i bluar)

1 qepe (krepë), e grirë

225 g / 8 oz perime të përziera, të copëtuara

30 ml / 2 lugë salcë soje

5 ml/1 lugë kripë

40 lëkurë wonton

vaj për tiganisje

Ngroheni një tigan dhe skuqni mishin e derrit dhe qiqrat derisa të marrin një ngjyrë kafe të lehtë. Hiqeni nga zjarri dhe përzieni perimet, salcën e sojës dhe kripën.

Për të palosur wontons, mbajeni lëkurën në pëllëmbën tuaj të majtë dhe vendosni pak mbushje në mes. Lagni skajet me vezë dhe palosni lëkurën në një trekëndësh, duke mbyllur skajet. Lagni cepat me vezë dhe i përdredhni së bashku.

Ngrohni vajin dhe skuqni wontons disa nga një deri në kafe të artë. Kullojini mirë përpara se ta shërbeni.

Mish derri me gështenja uji

Shërben 4 racione

45 ml / 3 lugë gjelle vaj kikiriku

1 thelpi hudhër, e shtypur

1 qepe (krepë), e grirë

1 fetë rrënjë xhenxhefili, e prerë

225 g / 8 oz mish derri pa dhjamë, i prerë në rripa

100 g / 4 oz gështenja uji, të prera hollë

45 ml / 3 lugë salcë soje

15 ml / 1 lugë gjelle verë orizi ose sheri të thatë

5 ml / 1 lugë miell misri (miseshte misri)

Ngrohni vajin dhe skuqni hudhrat, qepujt dhe xhenxhefilin derisa të marrin një ngjyrë të lehtë të artë. Shtoni mishin e derrit dhe gatuajeni për 10 minuta deri në kafe të artë. Shtoni gështenjat me ujë dhe skuqini për 3 minuta. Shtoni përbërësit e tjerë dhe ziejini për 3 minuta.

Wonton me mish derri dhe karkaleca

Shërben 4 racione

225 g / 8 oz mish derri të grirë (i bluar)

2 qepë (qepëza), të grira

100 g / 4 oz perime të përziera, të copëtuara

100 g/4oz kërpudha, të copëtuara

225 g / 8 oz karkaleca të qëruara, të copëtuara

15 ml / 1 lugë gjelle salcë soje

2,5 ml/½ lugë e vogël kripë

40 lëkurë wonton

vaj për tiganisje

Ngroheni një tigan dhe skuqni mishin e derrit dhe qiqrat derisa të marrin një ngjyrë kafe të lehtë. Shtoni pjesën tjetër të përbërësve.

Për të palosur wontons, mbajeni lëkurën në pëllëmbën tuaj të majtë dhe vendosni pak mbushje në mes. Lagni skajet me vezë dhe palosni lëkurën në një trekëndësh, duke mbyllur skajet. Lagni cepat me vezë dhe i përdredhni së bashku.

Ngrohni vajin dhe skuqni wontons disa nga një deri në kafe të artë. Kullojini mirë përpara se ta shërbeni.

Qofte të grira në avull

Shërben 4 racione

2 thelpinj hudhre, te shtypura

2,5 ml/½ lugë e vogël kripë

450 g/1 lb mish derri i grirë (i bluar)

1 qepë e grirë

1 piper i kuq, i grire

1 spec jeshil, i grire

2 copa kërcell xhenxhefili të grirë

5 ml/1 lugë gjelle pluhur kerri

5 ml/1 lugë paprika

1 vezë e rrahur

45 ml / 3 lugë miell misri (niseshte misri)

50 g/2oz oriz me kokërr të shkurtër
kripë dhe piper i sapo bluar
60 ml / 4 lugë qiqra të grira

Hidhni hudhrën, kripën, mishin e derrit, qepën, specin djegës, xhenxhefilin, kerin dhe specin e kuq dhe përzieni vezën në përzierjen e miellit të misrit dhe orizit. I rregullojmë me kripë dhe piper, më pas i përziejmë qiqrat dhe me duar të lagura formojmë masën në toptha të vegjël. I vendosim në një tenxhere me avull, i mbulojmë dhe i ziejmë në ujë të vluar për 20 minuta derisa të piqen.

Brinjë me salcë fasule të zezë

Shërben 4 racione

900 g / 2 lb brinjë derri
2 thelpinj hudhre, te shtypura
2 qepë (qepëza), të grira
30 ml / 2 lugë gjelle salcë fasule të zezë
30 ml / 2 lugë gjelle verë orizi ose sheri të thatë
15 ml / 1 lugë gjelle ujë
30 ml / 2 lugë salcë soje
15 ml / 1 lugë gjelle miell misri (niseshte misri)
5 ml/1 lugë sheqer
120 ml / 4 ml oz ½ filxhan ujë

30 ml/2 lugë gjelle vaj

2,5 ml/½ lugë e vogël kripë

120 ml / 4 ml oz / ½ filxhan lëng pule

Pritini brinjët rezervë në 2,5 cm/1. Hidhni hudhrën, qiqrat, salcën e fasules së zezë, verën ose sherin, ujin dhe 15 ml/1 lugë salcë soje, pjesën tjetër të salcës së sojës e përzieni me miellin e misrit, sheqerin dhe ujin. Ngrohni vajin dhe kripën dhe skuqini brinjët derisa të marrin ngjyrë kafe të artë. Kullojeni vajin. Shtoni përzierjen e hudhrës dhe skuqeni për 2 minuta. Shtoni lëngun, lëreni të vlojë, mbulojeni dhe ziejini për 4 minuta. Shtoni përzierjen e miellit të misrit dhe gatuajeni duke e trazuar derisa salca të zbutet dhe të trashet.

brinjë të shkurtra të ziera

Shërben 4 racione

3 thelpinj hudhre, te shtypura

75 ml / 5 lugë gjelle salcë soje

60 ml/4 lugë gjelle salcë hoisin

60 ml / 4 lugë gjelle verë orizi ose sheri të thatë

45 ml / 3 lugë gjelle sheqer kaf

30 ml / 2 lugë gjelle pure domate (pastë)

900 g / 2 lb brinjë derri

15 ml/1 lugë mjaltë

Kombinoni hudhrën, salcën e sojës, salcën hoisin, verën ose sherin, sheqerin kaf dhe purenë e domates, derdhni sipër brinjëve, mbulojeni dhe marinojini gjatë gjithë natës.

I kullojmë brinjët dhe i vendosim në një tepsi me pak ujë poshtë. E pjekim në furrë të parangrohur në 180°C/350°F/gaz 4 për 45 minuta, duke e lyer herë pas here me marinadë, duke rezervuar 30ml/2 lugë gjelle marinadë. Përzieni marinadën e rezervuar me mjaltin dhe lyeni me furçë mbi brinjët. Grijini në skarë ose skarë (skarë) nën një skarë të nxehtë për rreth 10 minuta.

Prerje panje e djegur

Shërben 4 racione

900 g / 2 lb brinjë derri

60 ml / 4 lugë gjelle shurup panje

5 ml/1 lugë kripë

5 ml/1 lugë sheqer

45 ml / 3 lugë salcë soje

15 ml / 1 lugë gjelle verë orizi ose sheri të thatë

1 thelpi hudhër, e shtypur

Pritini brinjët rezervë në copa 5cm/2cm dhe vendosini në një tas. Përziejini të gjithë përbërësit, shtoni brinjët dhe përzieni mirë.

Mbulojeni dhe lëreni të marinohen gjatë gjithë natës. Grijini në skarë (skarë) ose piqeni në zjarr mesatar për rreth 30 minuta.

Bërxolla të skuqura

Shërben 4 racione

900 g / 2 lb brinjë derri

120 ml / 4 ml oz / ½ filxhan ketchup domate (catsup)

120 ml / 4 ml oz / ½ filxhan uthull vere

60 ml/4 lugë gjelle chutney mango

45 ml / 3 lugë gjelle verë orizi ose sheri të thatë

2 thelpinj hudhre, te grira

5 ml/1 lugë kripë

45 ml / 3 lugë salcë soje

30 ml/2 lugë mjaltë

15 ml/1 lugë gjelle pluhur i butë kerri

15 ml/1 lugë gjelle paprika

vaj për tiganisje

60 ml / 4 lugë qiqra të grira

Vendosni brinjët në një tas. Përziejini të gjithë përbërësit përveç vajit dhe qiqrave, hidhini sipër brinjëve, mbulojeni dhe marinojini për të paktën 1 orë. Ngrohni vajin dhe skuqni brinjët derisa të bëhen krokante. Shërbejeni të spërkatur me qiqra.

Brinjë me presh

Shërben 4 racione

450g/1lb brinjë derri

vaj për tiganisje

250 ml / 8 ml oz / 1 filxhan lëng mishi

30 ml / 2 lugë gjelle ketchup domate (catsup)

2,5 ml/½ lugë e vogël kripë

2,5 ml/½ lugë sheqer

2 presh të prera në copa

6 qepë (qepëza), të prera në copa

50 gr lule brokoli

5 ml/1 lugë vaj susami

Pritini brinjët në 5 cm/2 copa. Ngroheni vajin dhe skuqni brinjët derisa të fillojnë të marrin ngjyrë kafe. I heqim nga tigani dhe i derdhim të gjitha përveç 30 ml/2 lugë gjelle vaj. Shtoni lëngun, keçapin e domateve, kripën dhe sheqerin, lëreni të ziejë dhe ziejini për 1 minutë. Kthejini brinjët në tigan dhe gatuajeni për rreth 20 minuta derisa të zbuten.

Ndërkohë ngrohni edhe 30 ml/2 lugë gjelle vaj dhe skuqni preshin, qepët dhe brokolin për rreth 5 minuta. Spërkateni me vaj susami dhe rregulloni rreth një enë të ngrohtë për servirje. Vendosni brinjët dhe salcën në qendër dhe shërbejeni.

Brinjë me kërpudha

Shërben 4-6

6 kërpudha të thata kineze

900 g / 2 lb brinjë derri

2 karafil anise

45 ml / 3 lugë salcë soje

5 ml/1 lugë kripë

15 ml / 1 lugë gjelle miell misri (niseshte misri)

Thithni kërpudhat në ujë të nxehtë për 30 minuta dhe kullojini. Hidhni kërcellet dhe prisni majat. Pritini brinjët në 5 cm/2 copa. Vërini një tenxhere me ujë të vlojë, shtoni brinjët dhe ziejini për

15 minuta. Thajeni mirë. I kthejmë brinjët në tenxhere dhe i mbulojmë me ujë të ftohtë. Shtoni kërpudhat, anise, salcën e sojës dhe kripën. Lëreni të vlojë, mbulojeni dhe ziejini për rreth 45 minuta derisa mishi të zbutet. Përziejmë miellin e misrit me pak ujë të ftohtë, e përziejmë në tigan dhe e kaurdisim duke e trazuar derisa salca të bëhet e qartë dhe të trashet.

Brinjë me portokall

Shërben 4 racione

900 g / 2 lb brinjë derri
5 ml / 1 lugë djathë i grirë
5 ml / 1 lugë miell misri (miseshte misri)
45 ml / 3 lugë gjelle verë orizi ose sheri të thatë
kripë
vaj për tiganisje
15 ml / 1 lugë gjelle ujë
2,5 ml/½ lugë sheqer
15 ml / 1 lugë pure domate (pastë)
2,5 ml/½ lugë çaji salcë djegës
lëvore e grirë e 1 portokalli

1 portokall, i prerë në feta

Pritini brinjët rezervë në copa dhe hidhini me djathë, miell misri, 5 ml/1 lugë çaji verë ose sheri dhe pak kripë. E lemë të marinohet për 30 minuta. Ngrohni vajin dhe skuqini brinjët për rreth 3 minuta derisa të marrin ngjyrë kafe të artë. Ngrohni 15 ml/1 lugë gjelle vaj ulliri në një wok, shtoni ujin, sheqerin, pastën e domates, salcën djegëse, lëkurën e portokallit dhe verën ose sherin e mbetur dhe përzieni në zjarr të ulët për 2 minuta. Shtoni mishin e derrit dhe përzieni derisa të lyhet mirë. Transferoni në një pjatë të ngrohtë dhe shërbejeni të zbukuruar me feta portokalli.

kotele ananasi

Shërben 4 racione

900 g / 2 lb brinjë derri

600 ml / 1 pt / 2½ gota ujë

30 ml / 2 lugë gjelle vaj kikiriku

2 thelpinj hudhre, te grira holle

200 g / 7 oz kanaçe copa ananasi në lëng frutash

120 ml / 4 ml oz / ½ filxhan lëng pule

60 ml/4 lugë gjelle uthull vere

50 g / 2 oz / ¼ filxhan sheqer kaf
15 ml / 1 lugë gjelle salcë soje
15 ml / 1 lugë gjelle miell misri (niseshte misri)
3 qepë (qepëza), të grira

Hidhni mishin e derrit dhe ujin në një tenxhere, lëreni të vlojë, mbulojeni dhe ziejini për 20 minuta. Thajeni mirë.

Ngrohni vajin dhe skuqni hudhrat deri sa të marrin ngjyrë të artë lehtë. Shtoni brinjët dhe ziejini derisa të lyhen mirë me vaj. Kulloni copat e ananasit dhe shtoni 120 ml/4 floz/½ filxhan lëng në tenxhere me lëng, uthull, sheqer dhe salcë soje. Lëreni të vlojë, mbulojeni dhe gatuajeni për 10 minuta. Shtoni ananasin e kulluar. Përziejmë miellin e misrit me pak ujë, e përziejmë në salcë dhe e kaurdisim duke e trazuar derisa salca të lehtësohet dhe të trashet. Shërbejeni të spërkatur me qiqra.

Kotele krokante karkaleci

Shërben 4 racione
900 g / 2 lb brinjë derri
450 g/1 kile karkaleca të qëruara
5 ml/1 lugë sheqer
kripë dhe piper i sapo bluar
30 ml / 2 lugë gjelle miell i thjeshtë (për të gjitha qëllimet)

1 vezë e rrahur lehtë
100 g / 4 oz thërrime buke
vaj për tiganisje

Pritini brinjët në 5 cm/2 copa. Hiqni pak nga mishi dhe grijeni me karkalecat, sheqerin, kripën dhe piperin. Përzieni miellin dhe vezën e mjaftueshme për ta bërë masën ngjitëse. Shtypni rreth copat e brinjëve dhe spërkatini me thërrime buke. Ngroheni vajin dhe skuqni brinjët derisa të dalin në sipërfaqe. Kullojeni mirë dhe shërbejeni të ngrohtë.

Brinjë me verë orizi

Shërben 4 racione

900 g / 2 lb brinjë derri

450 ml / ¾ pt / 2 gota ujë

60 ml / 4 lugë salcë soje

5 ml/1 lugë kripë

30 ml/2 lugë gjelle verë orizi

5 ml/1 lugë sheqer

Pritini brinjët në 2,5 cm/1. Vendoseni në një tenxhere me ujë, salcë soje dhe kripë, lëreni të vlojë, mbulojeni dhe ziejini për 1 orë. Thajeni mirë. Ngroheni një tigan dhe shtoni brinjët, verën e orizit dhe sheqerin. Gatuani në zjarr të lartë derisa lëngu të avullojë.

Brinjë me farat e susamit

Shërben 4 racione

900 g / 2 lb brinjë derri

1 vezë

30 ml / 2 lugë gjelle miell i thjeshtë (për të gjitha qëllimet)

5 ml / 1 lugë çaji miell patate

45 ml / 3 lugë gjelle ujë

vaj për tiganisje

30 ml / 2 lugë gjelle vaj kikiriku

30 ml / 2 lugë gjelle ketchup domate (catsup)

30 ml / 2 lugë sheqer kaf

10 ml/2 lugë uthull vere

45 ml/3 lugë fara susami

4 gjethe marule

Pritini brinjët në copa 10cm/4cm dhe vendosini në një tas. Përzieni vezën me miellin, miellin e patates dhe ujin, shtoni në brinjë dhe lëreni të pushojë për 4 orë.

Ngroheni vajin dhe skuqni brinjët deri në kafe të artë, hiqini dhe kullojini. Ngrohni vajin dhe skuqni keçapin e domates, sheqerin, uthullën e verës për disa minuta. Shtoni brinjët rezervë dhe gatuajeni derisa të lyhen mirë. Spërkateni me farat e susamit dhe skuqeni për 1 minutë. Në një pjatë të ngrohtë i rregullojmë gjethet e marules, sipër i vendosim brinjët dhe i shërbejmë.

Kotele me salcë të ëmbël dhe të thartë

Shërben 4 racione

900 g / 2 lb brinjë derri

600 ml / 1 pt / 2½ gota ujë

30 ml / 2 lugë gjelle vaj kikiriku

2 thelpinj hudhre, te shtypura

5 ml/1 lugë kripë

100 g / 4 oz / ½ filxhan sheqer kaf

75 ml / 5 lugë supë pule

60 ml/4 lugë gjelle uthull vere

100 g / 4 oz copa ananasi në shurup

15 ml / 1 lugë pure domate (pastë)

15 ml / 1 lugë gjelle salcë soje

15 ml / 1 lugë gjelle miell misri (niseshte misri)

30 ml / 2 lugë gjelle kokos të grirë

Hidhni mishin e derrit dhe ujin në një tenxhere, lëreni të vlojë, mbulojeni dhe ziejini për 20 minuta. Thajeni mirë.

Ngroheni vajin dhe skuqni brinjët me hudhër dhe kripë derisa të marrin ngjyrë kafe të artë. Shtoni sheqerin, lëngun dhe uthullën e verës dhe lërini të vlojnë. Kulloni ananasin dhe shtoni 30ml/2 lugë shurup në tiganin me purenë e domates, salcën e sojës dhe miell misri. I trazojmë mirë dhe i ziejmë duke e trazuar derisa salca të jetë e lehtë dhe të trashet. Shtoni ananasin, gatuajeni për 3 minuta dhe shërbejeni të spërkatur me kokos.

Brinjë të ziera

Shërben 4 racione

900 g / 2 lb brinjë derri
1 vezë e rrahur
5 ml/1 lugë salcë soje
5 ml/1 lugë kripë
10 ml / 2 lugë lugë miell misri (niseshte misri)
10 ml / 2 lugë çaji sheqer
60 ml / 4 lugë gjelle vaj kikiriku
250 ml / 8 ml oz / 1 filxhan uthull vere
250 ml / 8 ml oz / 1 filxhan ujë
250 ml / 8 ml oz / 1 filxhan verë orizi ose sheri të thatë

Vendosni brinjët në një tas. Përzieni vezën me salcën e sojës, kripën, gjysmën e miellit të misrit dhe gjysmën e sheqerit, shtoni brinjët dhe përzieni mirë. Ngrohni vajin dhe skuqni brinjët deri në kafe të artë. Shtoni përbërësit e mbetur, lërini të ziejnë dhe gatuajeni derisa lëngu pothuajse të ketë avulluar.

Brinjë me domate

Shërben 4 racione

900 g / 2 lb brinjë derri

75 ml / 5 lugë gjelle salcë soje

30 ml / 2 lugë gjelle verë orizi ose sheri të thatë

2 vezë, të rrahura

45 ml / 3 lugë miell misri (niseshte misri)

vaj për tiganisje

45 ml / 3 lugë gjelle vaj kikiriku

1 qepë, e prerë hollë

250 ml / 8 ml oz / 1 filxhan lëng pule

60 ml/4 lugë gjelle ketchup domate (catsup)

10 ml / 2 lugë sheqer kaf

Pritini brinjët rezervë në 2,5 cm/1. Përziejini me 60 ml/4 lugë salcë soje dhe verën ose sherin dhe marinojini për 1 orë, duke i përzier herë pas here. Kullojeni, hidhni marinadën. Zhytini brinjët rezervë në vezë dhe më pas në miell misri. Ngrohni vajin dhe skuqni brinjët, disa nga një, deri në kafe të artë. Thajeni mirë. Ngrohni vajin e kikirikut (kikirikut) dhe skuqni qepën derisa të jetë transparente. Shtoni lëngun, salcën e mbetur të sojës, ketchup-in dhe sheqerin kaf dhe gatuajeni, duke e trazuar, për 1 minutë. Shtoni brinjët dhe gatuajeni për 10 minuta.

Mish derri i pjekur në skarë

Shërben 4-6

1,25 kg / 3 lb shpatull derri pa kocka
2 thelpinj hudhre, te shtypura
2 qepë (qepëza), të grira
250 ml / 8 ml oz / 1 filxhan salcë soje
120 ml / 4 ml oz / ½ filxhan verë orizi ose sheri të thatë
100 g / 4 oz / ½ filxhan sheqer kaf
5 ml/1 lugë kripë

Vendoseni mishin e derrit në një tas. Përziejini përbërësit e mbetur, hidhni mishin e derrit, mbulojeni dhe marinojini për 3 orë. Transferoni mishin e derrit dhe marinadën në një tavë pjekjeje dhe piqini në një furrë të parangrohur në 200°C/400°F/gaz 6 për 10 minuta. Uleni temperaturën në 160°C/325°F/shënjimin e gazit 3 për 1¾ orë derisa mishi i derrit të gatuhet.

Mish derri të ftohtë me mustardë

Shërben 4 racione

1 kg/2 lb mish derri i pjekur pa kocka

250 ml / 8 ml oz / 1 filxhan salcë soje

120 ml / 4 ml oz / ½ filxhan verë orizi ose sheri të thatë

100 g / 4 oz / ½ filxhan sheqer kaf

3 qepë (qepëza), të grira

5 ml/1 lugë kripë

30 ml / 2 lugë mustardë pluhur

Vendoseni mishin e derrit në një tas. Përziejini të gjithë përbërësit e mbetur përveç mustardës dhe hidhini sipër mishit të derrit. Lëreni të marinohet për të paktën 2 orë, duke e larë shpesh. Rreshtoni një fletë pjekjeje me letër alumini dhe vendosni mishin e derrit në një raft në tavë. Piqeni në furrë të parangrohur në 200°C/400°F/gaz 6 për 10 minuta, më pas uleni temperaturën në 160°C/325°F/shenja e gazit 3 për 1¾ orë të tjera, derisa mishi të zbutet. oferta. E lemë të ftohet dhe më pas e vendosim në frigorifer. Pritini mirë. Përzieni pluhurin e mustardës me ujë të mjaftueshëm për të bërë një pastë kremoze për ta shërbyer me mishin e derrit.

Mish derri i pjekur kinez

Shërben 6 racione

1,25 kg / 3 £ copë mish derri, e prerë në feta trashë

2 thelpinj hudhre, te grira holle

30 ml / 2 lugë gjelle verë orizi ose sheri të thatë

15 ml / 1 lugë gjelle sheqer kaf

15 ml/1 lugë mjaltë

90 ml / 6 lugë gjelle salcë soje

2,5 ml/½ lugë e vogël pluhur me pesë erëza

Rregulloni mishin e derrit në një enë të cekët. Përziejini përbërësit e mbetur, derdhni sipër mishin e derrit, mbulojeni dhe marinoni në frigorifer gjatë gjithë natës, duke i kthyer dhe hedhur herë pas here.

I vendosim fetat e derrit në një tavë në një enë të mbushur me pak ujë dhe i spërkasim mirë me marinadë. Pjekim në furrë të parangrohur në 180°C/350°F/gaz 5 për përafërsisht. 1 orë, duke e larë herë pas here, derisa mishi i derrit të jetë gatuar.

Mish derri me spinaq

Shërben 6-8

30 ml / 2 lugë gjelle vaj kikiriku
1,25 kg / 3 paund fileto derri
250 ml / 8 ml oz / 1 filxhan lëng pule
15 ml / 1 lugë gjelle sheqer kaf
60 ml / 4 lugë salcë soje
900 g / 2 lb spinaq

Ngrohni vajin dhe skuqni mishin nga të gjitha anët. Hiqni pjesën më të madhe të yndyrës. Shtoni lëngun e mishit, sheqerin dhe salcën e sojës, lëreni të vlojë, mbulojeni dhe ziejini për rreth. 2 orë, derisa mishi i derrit të jetë gatuar. Hiqeni mishin nga tigani dhe lëreni të ftohet pak, më pas priteni në feta. Shtoni spinaqin në tigan dhe gatuajeni, duke e trazuar lehtë, derisa të jetë i butë. Kulloni spinaqin dhe vendoseni në një pjatë të ngrohtë. Hidhni sipër fetat e derrit dhe shërbejeni.

topa derri të skuqur

Shërben 4 racione

450 g/1 lb mish derri i grirë (i bluar)
1 fetë rrënjë xhenxhefili, e prerë
15 ml / 1 lugë gjelle miell misri (niseshte misri)
15 ml / 1 lugë gjelle ujë
2,5 ml/½ lugë e vogël kripë
10 ml/2 lugë salcë soje
vaj për tiganisje

Hidhni mishin e derrit dhe xhenxhefilin, përzieni miellin e misrit, ujin, kripën dhe salcën e sojës, më pas përzieni përzierjen në mishin e derrit dhe përzieni mirë. Bëni topa në madhësinë e arrave. Ngrohni vajin dhe skuqni topat e derrit derisa të dalin në sipërfaqen e vajit. Hiqeni nga vaji dhe ngroheni. Kthejeni mishin e derrit në tigan dhe gatuajeni për 1 minutë. Thajeni mirë.

Rrotulla me vezë me mish derri dhe karkaleca deti

Shërben 4 racione

30 ml / 2 lugë gjelle vaj kikiriku

225 g / 8 oz mish derri të grirë (i bluar)

225 g karkaleca deti

100 g / 4 oz gjethe kineze, të copëtuara

100 g / 4 oz fidane bambuje, të prera në shirita

100 g / 4 oz gështenja uji, të prera në rripa

10 ml/2 lugë salcë soje

5 ml/1 lugë kripë

5 ml/1 lugë sheqer

3 qepë (qepëza), të grira hollë

8 lëkura rrotullash vezësh

vaj për tiganisje

Ngroheni vajin dhe skuqni mishin e derrit derisa të skuqet. Shtoni karkalecat dhe skuqini për 1 minutë. Shtoni gjethet kineze, lastarët e bambusë, gështenjat e ujit, salcën e sojës, kripën dhe sheqerin dhe skuqini për 1 minutë, më pas mbulojeni dhe ziejini për 5 minuta. Shtoni qiqrat, kthejeni në një sitë dhe lëreni të pijë.

Vendosni disa lugë nga përzierja e mbushjes në qendër të çdo lëkure të rrotullës së vezëve, palosni në fund, palosni në anët dhe më pas mbështilleni duke mbyllur mbushjen. Mbyllni buzën me pak përzierje mielli dhe uji dhe lëreni të thahet për 30 minuta. Ngrohni vajin dhe skuqni rrotullat e vezëve për rreth 10 minuta, derisa të jenë krokante dhe të marrin ngjyrë të artë. Kullojini mirë përpara se ta shërbeni.

Mish derri të grirë në avull

Shërben 4 racione

450 g/1 lb mish derri i grirë (i bluar)
5 ml / 1 lugë miell misri (miseshte misri)
2,5 ml/½ lugë e vogël kripë
10 ml/2 lugë salcë soje

Përzieni mishin e derrit me përbërësit e mbetur dhe shpërndajeni masën në një enë të cekët. Vendoseni në një tenxhere me avull mbi ujë të vluar dhe ziejini me avull për rreth 30 minuta derisa të gatuhet. Shërbejeni të nxehtë.

Mish derri i skuqur me mish gaforre

Shërben 4 racione

225 g / 8 oz mish gaforre, i grirë

100 g/4oz kërpudha, të copëtuara

100 g / 4 oz fidane bambuje, të copëtuara

5 ml / 1 lugë miell misri (miseshte misri)

2,5 ml/½ lugë e vogël kripë

225 g / 8 oz mish derri të gatuar, të prerë në feta

1 e bardhe veze e rrahur lehte

vaj për tiganisje

15 ml/1 lugë majdanoz i freskët i grirë

Hidhni mishin e gaforreve, kërpudhat, lastarët e bambusë, pjesën më të madhe të miellit të misrit dhe kripën. Prisni mishin në katrorë 5cm/2. Bëni sanduiçe me përzierjen e mishit të gaforreve. Zhyteni në të bardhat e vezëve. Ngrohni vajin dhe skuqni sanduiçët, disa nga një, deri në kafe të artë. Thajeni mirë. Shërbejeni të spërkatur me majdanoz.

Mish derri me lakër fasule

Shërben 4 racione

30 ml / 2 lugë gjelle vaj kikiriku

2,5 ml/½ lugë e vogël kripë

2 thelpinj hudhre, te shtypura

450 g / 1 lb lakër fasule

225 g / 8 oz mish derri të gatuar, të prerë në kubikë

120 ml / 4 ml oz / ½ filxhan lëng pule

15 ml / 1 lugë gjelle salcë soje

15 ml / 1 lugë gjelle verë orizi ose sheri të thatë

5 ml/1 lugë sheqer

15 ml / 1 lugë gjelle miell misri (niseshte misri)

2,5 ml/½ lugë vaj susami

3 qepë (qepëza), të grira

Ngroheni vajin dhe skuqni kripën dhe hudhrën derisa të marrin një ngjyrë të lehtë të artë. Shtoni lakër fasule dhe mish derri dhe skuqini për 2 minuta. Shtoni gjysmën e lëngut, lëreni të ziejë, mbulojeni dhe gatuajeni për 3 minuta. Përzieni lëngun e mbetur me pjesën tjetër të përbërësve, përzieni në tigan, lëreni të vlojë dhe gatuajeni për 4 minuta duke e trazuar. Shërbejeni të spërkatur me qiqra.

derr i dehur

Shërben 6 racione

1,25 kg/3 lb mish derri pa kocka

30 ml / 2 lugë gjelle kripë

piper i sapo bluar

1 qepe (krepë), e grirë

2 thelpinj hudhre, te grira

1 shishe verë e bardhë e thatë

Hidhni mishin e derrit në një tigan dhe shtoni kripë, piper, qiqra dhe hudhër. Mbulojeni me ujë të vluar, lëreni të vlojë, mbulojeni dhe ziejini për 30 minuta. Hiqeni mishin e derrit nga tigani, ftohni dhe thajeni për 6 orë ose brenda natës në frigorifer. Pritini mishin e derrit në copa të mëdha dhe vendoseni në një gotë të madhe me vidë. E mbulojmë me verë, e mbulojmë dhe e ruajmë në frigorifer për të paktën 1 javë.

këmbë derri të zier me avull

Shërben 6-8

1 këmbë e vogël derri
90 ml / 6 lugë gjelle salcë soje
450 ml / ¾ pt / 2 gota ujë
45 ml / 3 lugë gjelle sheqer kaf
15 ml / 1 lugë gjelle verë orizi ose sheri të thatë
30 ml / 2 lugë gjelle vaj kikiriku
3 thelpinj hudhre, te shtypura
450 g/1 kile spinaq
2,5 ml/½ lugë e vogël kripë
30 ml / 2 lugë gjelle miell misri (niseshte misri)

Shponi të gjithë lëkurën e derrit me një thikë të mprehtë dhe fërkojeni me 30 ml/2 lugë gjelle salcë soje. Vendoseni ujin në një tenxhere të rëndë, lëreni të vlojë, mbulojeni dhe ziejini për 40 minuta. Kullojeni, duke rezervuar lëngun dhe lëreni mishin e derrit të ftohet, më pas vendoseni në një enë rezistente ndaj nxehtësisë.

Përzieni 15 ml/1 lugë gjelle sheqer, verën ose sherin dhe 30 ml/2 lugë salcë soje dhe lyeni mishin e derrit. Ngrohni vajin dhe skuqni hudhrat deri sa të marrin ngjyrë të artë lehtë. Shtoni sheqerin e mbetur dhe salcën e sojës, masën e derdhni sipër mishit të derrit dhe mbuloni tasin. Vendoseni tasin në një wok dhe mbusheni me ujë përgjysmë anëve. Mbulojeni dhe ziejini me avull për rreth 1 1/2 orë, duke e mbushur me ujë të vluar sipas nevojës. Prisni spinaqin në copa 5 cm/2 dhe spërkatni me kripë. Zieni një tenxhere me ujë dhe hidhni sipër spinaqin. Lëreni për 2 minuta derisa spinaqi të fillojë të zbutet, kullojeni dhe vendoseni në një pjatë të ngrohur. Vendosni mishin e derrit sipër. Lëmë lëngun e derrit të ziejë. Përziejmë miellin e misrit me pak ujë, e përziejmë lëngun dhe e kaurdisim duke e trazuar derisa salca të pastrohet dhe të trashet. Hidhni sipër mishin e derrit dhe shërbejeni.

Mish derri të pjekur me perime

Shërben 4 racione

50 g / 2 oz / ½ filxhan bajame të zbardhura

30 ml / 2 lugë gjelle vaj kikiriku

kripë

100 g/4oz kërpudha të prera në kubikë

100 g / 4oz fidane bambuje, të prera në kubikë

1 qepë e prerë në kubikë

2 bishta selino të prera në kubikë

100 g / 4 oz mangeout (bizele), të prera në kubikë

4 gështenja uji të prera në kubikë

1 qepe (krepë), e grirë

20 ml / 4 ml oz / ½ filxhan lëng pule

225 g / 8 oz Mish derri i pjekur në skarë, i prerë në kubikë

15 ml / 1 lugë gjelle miell misri (niseshte misri)

45 ml / 3 lugë gjelle ujë

2,5 ml/½ lugë sheqer

piper i sapo bluar

Skuqini bajamet derisa të marrin ngjyrë të lehtë të artë. Ngroheni vajin dhe kripën, më pas shtoni perimet dhe skuqini për 2 minuta derisa të lyhen me vaj. Shtoni lëngun, lëreni të ziejë, mbulojeni dhe ziejini për 2 minuta, derisa perimet të jenë gati gati, por ende të freskëta. Shtoni mishin e derrit dhe ngroheni. Përzieni miell misri, ujin, sheqerin dhe piperin dhe përzieni në salcë. Gatuani duke e trazuar derisa salca të bëhet e qartë dhe të trashet.

Dy herë derr

Shërben 4 racione

45 ml / 3 lugë gjelle vaj kikiriku

6 qepë (qepëza), të grira

1 thelpi hudhër, e shtypur

1 fetë rrënjë xhenxhefili, e prerë

2,5 ml/½ lugë e vogël kripë

225 g / 8 oz mish derri të gatuar, të prerë në kubikë

15 ml / 1 lugë gjelle salcë soje

15 ml / 1 lugë gjelle verë orizi ose sheri të thatë

30 ml/2 lugë pastë fasule

Ngrohni vajin dhe skuqni qepën, hudhrën, xhenxhefilin dhe kripën derisa të marrin ngjyrë të lehtë. Shtoni mishin e derrit dhe skuqeni për 2 minuta. Shtoni salcën e sojës, verën ose sherin dhe pastën e fasules dhe gatuajeni për 3 minuta.

Veshkat e derrit me Mangetout

Shërben 4 racione

4 veshka derri, të përgjysmuara dhe të shkatërruara

30 ml / 2 lugë gjelle vaj kikiriku

2,5 ml/½ lugë e vogël kripë

1 fetë rrënjë xhenxhefili, e prerë

3 bishta selino, të grira

1 qepë e grirë

30 ml / 2 lugë salcë soje

15 ml / 1 lugë gjelle verë orizi ose sheri të thatë

5 ml/1 lugë sheqer

60 ml / 4 lugë supë pule

225 g / 8 oz mangeout (bizele)

15 ml / 1 lugë gjelle miell misri (niseshte misri)

45 ml / 3 lugë gjelle ujë

Ziejini veshkat për 10 minuta, kullojini dhe shpëlajini me ujë të ftohtë. Ngrohni vajin dhe skuqni kripën dhe xhenxhefilin për disa sekonda. Shtoni veshkat dhe skuqini për 30 sekonda derisa të lyhen me vaj. Shtoni selinon dhe qepën dhe skuqini për 2 minuta. Shtoni salcën e sojës, verën ose sherin dhe sheqerin dhe skuqini për 1 minutë. Shtoni lëngun, lëreni të vlojë, mbulojeni dhe ziejini për 1 minutë. Shtoni mangetout, mbulojeni dhe ziejini për 1 minutë. Rrihni së bashku miellin e misrit dhe ujin, më pas përzieni salcën dhe gatuajeni derisa salca të jetë lehtësuar dhe trashur. Shërbejeni menjëherë.

Proshutë e kuqe me gështenja

Shërben 4-6

1,25 kg/3 paund proshutë

2 qepë (qepëza), të përgjysmuara

2 thelpinj hudhre, te shtypura

45 ml / 3 lugë gjelle sheqer kaf

30 ml / 2 lugë gjelle verë orizi ose sheri të thatë

60 ml / 4 lugë salcë soje

450 ml / ¾ pt / 2 gota ujë

350 g / 12 oz gështenja

Vendoseni proshutën në një tigan me qepe, hudhër, sheqer, verë ose sheri, salcë soje dhe ujë. Lëreni të vlojë, mbulojeni dhe gatuajeni për rreth 1 1/2 orë, duke e kthyer proshutën herë pas here. Zbardhni gështenjat në ujë të vluar për 5 minuta dhe kullojini. Shtoni në proshutë, mbulojeni dhe gatuajeni edhe për 1 orë, duke e kthyer proshutën një ose dy herë.

Toptha të skuqura me proshutë dhe vezë

Shërben 4 racione

225 g / 8 oz proshutë të tymosur, të copëtuar

2 qepë (qepëza), të grira

3 vezë të rrahura

4 feta bukë bajate

10 ml / 2 lugë gjelle miell i thjeshtë (për të gjitha qëllimet)

2,5 ml/½ lugë e vogël kripë

vaj për tiganisje

Hidhni proshutën, qiqrat dhe vezën, bëni bukën në thërrime dhe përzieni në proshutë me miell dhe kripë. Bëni topa në madhësinë e arrave. Ngroheni vajin dhe skuqni qoftet derisa të marrin ngjyrë kafe të artë. Kullojini mirë në letër kuzhine.

Proshutë dhe ananas

Shërben 4 racione

4 kërpudha të thata kineze

15 ml / 1 lugë gjelle vaj kikiriku

1 thelpi hudhër, e shtypur

50 g / 2 oz gështenja me ujë, të prera në feta

50 g kërcell bambuje

225 g / 8 oz proshutë, e grirë

225 g / 8 oz kanaçe copa ananasi në lëng frutash

120 ml / 4 ml oz / ½ filxhan lëng pule

15 ml / 1 lugë gjelle salcë soje

15 ml / 1 lugë gjelle miell misri (niseshte misri)

Thithni kërpudhat në ujë të nxehtë për 30 minuta dhe kullojini. Hidhni kërcellet dhe prisni majat. Ngrohni vajin dhe skuqni hudhrat deri sa të marrin ngjyrë të artë lehtë. Shtoni kërpudhat, gështenjat e ujit dhe lastarët e bambusë dhe skuqini për 2 minuta. Shtoni proshutën dhe copat e kulluara të ananasit dhe skuqini për 1 minutë. Shtoni 30 ml / 2 lugë gjelle lëng ananasi, pjesën më të madhe të lëngut të pulës dhe salcën e sojës. Lëreni të vlojë, mbulojeni dhe gatuajeni për 5 minuta. Përzieni miellin e misrit me lëngun e mbetur dhe përzieni në salcë. Gatuani duke e trazuar derisa salca të bëhet e qartë dhe të trashet.

Fritata me proshutë dhe spinaq

Shërben 4 racione

30 ml / 2 lugë gjelle vaj kikiriku

2,5 ml/½ lugë e vogël kripë

1 thelpi hudhër, të grirë

2 qepë (qepëza), të grira

225 g / 8 oz proshutë, të prerë në kubikë

450 g / 1 lb spinaq, i copëtuar

60 ml / 4 lugë supë pule

15 ml / 1 lugë gjelle miell misri (niseshte misri)

15 ml / 1 lugë gjelle salcë soje

45 ml / 3 lugë gjelle ujë

5 ml/1 lugë sheqer

Ngroheni vajin dhe skuqni kripën, hudhrën dhe qiqrat derisa të marrin ngjyrë të artë lehtë. Shtoni proshutën dhe skuqeni për 1 minutë. Shtoni spinaqin dhe përzieni derisa të lyhet me vaj. Shtoni lëngun, lëreni të vlojë, mbulojeni dhe ziejini për 2 minuta derisa spinaqi të fillojë të vyshket. Bashkoni miellin e misrit, salcën e sojës, ujin dhe sheqerin dhe përzieni në tigan. Gatuani duke e trazuar derisa salca të trashet.

www.ingramcontent.com/pod-product-compliance
Lightning Source LLC
LaVergne TN
LVHW021705060526
838200LV00050B/2506